Joachim Ritz

Die Spinne auf der Haut

Joachim Ritzkowsky

Die Spinne auf der Haut

Leben mit Obdachlosen

Bericht · Analyse
Deutung

Alektor Verlag Berlin 2001

Die Deutsche Bibliothek – CIP-Einheitsaufnahme

Ritzkowsky, Joachim:
Die Spinne auf der Haut : Leben mit Obdachlosen , Bericht – Analyse – Deutung / Joachim Ritzkowsky. – Berlin : Alektor, 2001

ISBN 3-88425-071-X

Zeichnungen von Joachim Ritzkowsky.
Titelbild unter Verwendung eines Fotos von Joachim Ritzkowsky.

Gesetzt mit LaTeX 2_ε – Layout: Claus P. Wagener
Gesamtherstellung: Libri
(Georg Lingenbrink GmbH & Co., 22848 Norderstedt)
ISBN 3-88425-071-X

Inhaltsverzeichnis

Vorwort

Neulich sah ich vor der Markthalle in Kreuzberg einen Mann sitzen, auf dessen Arme mehrere Spinnennetze tätowiert waren. Ich setzte mich zu ihm, und er erzählte mir sein Leben. Ich berichtete umgekehrt von mir und dass ich gerade etwas über Obdachlose veröffentlichen wollte unter dem Titel: »Die Spinne auf der Haut«. Ob er mir erlauben würde, ein Foto von seinem Arm zu machen?, fragte ich.

»Nächstes Mal«, antwortete er, »dann kennen wir uns!«

Einige Tage später traf ich Rolly, einen Obdachlosen, den ich aus der Wärmestube kenne. Er saß vor dem Waschcenter an der U-Bahn, einem wichtigen Treffpunkt der Obdachlosen hier im Kiez. Sein Körper war bedeckt mit Spinnen. Am Ohr, am Hals, auf der Nase, an der Lederjacke, an den Händen, überall trug er metallene Spinnen. »Wenn das Wetter besser wäre, würde ich das Hemd ausziehen und dir zeigen, was ich auf dem Körper trage!« lachte er.

»Spinnen?«

»Lauter Spinnen!«

Wir sprachen über den Tod eines Obdachlosen, dessen Leiche ich gerade im Leichenschauhaus gefunden hatte. Glücklicherweise war es mir noch rechtzeitig gelungen, bevor das Sozialbegräbnis stattgefunden hatte. So konnten wir zusammen eine Beerdigung planen. Anschließend saßen wir nebeneinander auf der U-Bahntreppe. Der Obdachlose erzählte mir, warum er so viele Spinnen auf der Haut trägt (»Weil die Spinne das verachtete Tier ist«), und ich erzählte ihm, dass Spinnen einmal Tiere einer verehrten Gottheit gewesen sind.

Leider hatte ich keinen Fotoapparat dabei.

Mit diesen beiden Szenen möchte ich einleiten, was in diesem Buch beschrieben wird und was ich »Leben mit Obdachlosen« nenne: Das Ernstnehmen der Menschen auf der Straße, ihrer Lebensweise, ihrer Kunst zu überleben, ihrer grausamen, aber keineswegs nur grausamen Situation.

Seit 1990 betreibt die Heilig Kreuz Kirchengemeinde in Berlin-Kreuzberg eine wintertags geöffnete Wärmestube, zu deren Treffen inzwischen 80-150 Arme und Obdachlose kommen.

Seit 1993 gibt es einen Zusammenschluss fast aller Einrichtungen der so genannten »Kältehilfe« in Berlin (also Notübernachtungen, Tagesaufhalte, Wärmestuben, Nachtcafés, Mittagstische, Kleiderdienste und ärztlichen Einrichtungen), der sich ebenfalls in der Heilig Kreuz Kirche trifft. Der Name des Zusammenschlusses ist *Arbeitsgemeinschaft »Leben mit Obdachlosen«*. Er besagt: Obdachlose Menschen werden nicht primär unter dem Gesichtspunkt betrachtet, dass sie aus dem bürgerlichen Rahmen »gefallen«, ausgegrenzt sind und darum »zurückgeholt« werden müssen. Es geht nicht primär ums Helfenwollen (wiewohl oft Hilfe geschieht), sondern um das Miteinander-in-der-Stadt-bleiben, Leben und Überleben. »Menschen ohne Wohnung gehören zu uns und wir zu ihnen«, steht in einer der Stellungnahmen der *AG »Leben mit Obdachlosen«*.

Ein kurzer Text mag diese Zielsetzung verdeutlichen:

»Die *Arbeitsgemeinschaft ›Leben mit Obdachlosen‹* ist ein im September 1993 erfolgter Zusammenschluss von Gruppen und Initiativen in Berlin, die u.a. Wärmestuben und Notübernachtungen betreiben und sich zusammen mit wohnungslos gewordenen Menschen gegen Obdachlosigkeit wehren.

– Dabei geht es um konkrete Hilfeleistungen: Versorgung

mit Essen, Kleidung, Schlafplätzen und medizinischer Hilfe.

- Es geht um ein Kennenlernen der obdachlos gewordenen Menschen, ihres Alltags, ihrer Möglichkeiten und ihrer Hoffnungen. Miteinander zu handeln ist unser Ziel. Die Bildung von Wohngruppen und Lebensgemeinschaften ist ein Weg dazu.
- Es geht darum, das Lebensrecht arm gewordener Menschen in der City zu verteidigen. Gesellschaftliche Perspektive kann nicht die dauerhafte Vermehrung des Wohlstandes einer immer geringer werdenden Zahl von Bürgern sein – und auf der anderen Seite das Ausgrenzen von Armen, Kranken, Arbeitslosen und Wohnungslosen in Slums, in rascheres Sterben und in Bereiche außerhalb der Großstadt, wo sie in Gettos und Heimen dem Blick der anderen Bürger entzogen werden. Arme gehören zu uns wie Menschen anderer Nationalität, Menschen mit anderen Lebensgewohnheiten, Menschen anderer sozialer Stellung – und umgekehrt: Wir gehören zu ihnen. Das Wohl der Stadt und der innere Friede sind nicht erreichbar ohne sozialen Frieden.

  Wir treten dafür ein, dass die Bestimmung Berlins, Hauptstadt zu sein, nicht auf Kosten der Armen geschieht, sondern dass Menschen aller Lebensgewohnheiten und Schichten am Prozess der Veränderung unserer Stadt beteiligt werden.«

Die in diesem Buch zusammengestellten Essays wurden auf Tagungen der Arbeitsgemeinschaft vortragen und diskutiert. Die AG ist der Boden, aus dem das Kraut dieser Schrift gewachsen ist.

Zu dem Zusammensein mit Obdachlosen in den sogenannten niedrigschwelligen Einrichtungen kam sehr bald hinzu, dass wir – gemeinsam mit Betroffenen – politische Veranstaltungen organisierten. Sie drückten unsere Forderungen aus:

- Bereitstellung von ärztlicher Hilfe;
- Schaffung von Möglichkeiten für Menschen ohne Wohnung, sich polizeilich anzumelden;
- Organisation von Schutz vor Gewalt, insbesondere auch Schutz vor der Gewalt seitens der Polizei, des BGS und der Wachdienste der Bahn-AG und der Berliner Verkehrsbetriebe. »Vertreibt Obdachlose nicht aus Bahnhöfen und öffentlichen Plätzen!« lautet eine Forderung, »Sie sind Menschen wie wir. Wir sollten mit ihnen zusammen bleiben!«

Betroffen von Wohnungslosigkeit sind inzwischen sehr viele Menschen. Als ein Beispiel für die Größenordnung dieser Gruppe in einer Großstadt nenne ich die mir zugänglichen Zahlen für Berlin: Im zweiten Quartal 1999 betrug die Zahl der *registrierten* Obdachlosen in Berlin 6 845 Menschen.

Wie groß die Zahl der *nicht registrierten* Obdachlosen ist, also derer, die auf der Straße leben (»Platte machen«) und nicht in Heimen oder anderen Einrichtungen untergebracht sind, weiß niemand. Der Senat schätzt die Zahl auf 2 000 bis 4 000 Menschen. Der Caritas-Verband, das Diakonische Werk und die anderen im Bereich der Obdachlosenhilfe arbeitenden Institutionen schätzen, dass es sich um eine weitaus höhere Zahl handelt, die ähnlich hoch wie die der registrierten Obdachlosen sein könnte.

Wie groß die Zahl der *latent* Obdachlosen ist, also der Menschen, die nicht aus eigener Kraft eine Wohnung finanzieren können, sondern auf die Hilfe Dritter (Wohngeld, Begleichung von Mietschulden, private Zuschüsse) angewiesen sind, weiß ebenfalls niemand.

Von den in Berlin lebenden Ausländern mit ungeklärtem Aufenthaltsstatus (sog. »Illegale«) werden zunehmend mehr obdachlos und tauchen in Obdachloseneinrichtungen auf. Auch ihre Zahl ist unbekannt.

Das bedeutet, man muss in Berlin von einer Zahl von mindestens 10 000 bis 20 000 Menschen ausgehen, die ohne Wohnung sind – und das ist niedrig geschätzt.

In den hier vorgelegten Aufsätzen werden die politischen Bemühungen um Veränderung und Verbesserung der Situation der Menschen auf der Straße nur am Rande erwähnt. Soziale Hilfe, politisches Engagement, das »Schreien« mit den und für die Betroffenen haben für mich den gleichen Stellenwert wie das Zuhören, was die Obdachlosen von sich erzählen, das Erkennen ihrer Situation, das Lernen ihrer Sprache und Gebräuche, das Entziffern ihrer Ausdrucksformen und Symbole – ihrer »Spinnen auf der Haut«.

Berlin, im September 2000
Joachim Ritzkowsky

Sterben auf Berlins Straßen

Erfahrungen

Der erste Mensch, den ich auf der Straße in Berlin sterben sah, war Hans Breitfeld. Er wohnte in der öffentlichen Frauentoilette auf dem Mittelstreifen der Gneisenaustraße an der Kreuzung mit dem Mehringdamm. Ich war durch einen Krankenpfleger, Georg, und einen Langzeitarbeitslosen, Alberto, die sich in der Kreuzberger Szene auskannten, auf ihn aufmerksam gemacht worden. Von allein hätte ich ihn nicht bemerkt, da mein Weg zwar fast täglich in der Nähe, aber nicht nah genug, an der Toilette vorbeiführte.

Ich war damals (1990) aus Berlin-Zehlendorf nach Berlin-Kreuzberg als Pfarrer an die Kirchengemeinde Zum Heiligen Kreuz gekommen und hätte niemals für möglich gehalten, was ich seitdem auf den Straßen hier gesehen und erfahren habe.

Unsere Versuche, Hans Breitfeld in ein Heim zu bringen, scheiterten. Wir hatten einen Kostenübernahmeschein vom Sozialamt für ihn. Aber er wollte nicht mehr. Er wollte lieber »auf der Insel« bleiben, wie er seinen Ort nannte. Er ging an Krücken, schleppte sich mehr, als dass er ging, schaffte nur wenige Schritte, hatte Ungeziefer und Wasser in den Beinen. Das einzige, was er manchmal tat, um sich helfen zu lassen, war: Er ließ sich fallen. Dann kamen Polizei und Krankenwagen, er wurde kurz versorgt, landete aber bald wieder auf der Verkehrsinsel.

Er lebte noch bis in den Sommer. Tag und Nacht lag er auf der Bank vor der Toilette – braun gebrannt. Wer ihm ins

Gesicht blickte, konnte ihn für einen Menschen halten, der gerade aus dem Urlaub gekommen war. Aber er war schon völlig von Tieren zerfressen. Einmal griff er in seine Hose, das heißt in das Fleisch seines Beines, und hatte in der Hand lauter Maden, Tausende von Maden.

Zur Gemeinde Heilig Kreuz waren bis dahin Obdachlose einzeln gekommen und hatten bei den Pfarrern vorgesprochen. Es gab eine umfangreiche Flüchtlingsarbeit in der Beratungsstelle für Asylbewerber, aber keinen Treff der Obdachlosen. Gleich im Winter 1990 lud ich daher Menschen von der Straße zur »Wärmestube« ein, nachdem an einem Morgen ein Mann im Gemeindebüro berichtet hatte, er habe vor dem Rathaus im Schnee geschlafen und brauche nun unbedingt einen heißen Kaffee.

Damals begann auch meine Bekanntschaft mit Manfred Lehmann, den ich später im Gemeindehaus polizeilich anmeldete, damit er Ausweis, Sozialunterstützung und Krankenschein bekam. Hierfür erhielt ich im Herbst 1993 eine Anzeige wegen einer »Ordnungswidrigkeit« und wurde 1995 wegen »mittelbarer Falschbeurkundung« (dem Ausstellen einer falschen Urkunde, dass der Obdachlose im Gemeindehaus wohnt) zu 2 500,- DM Strafe auf ein Jahr zur Bewährung verurteilt. 1996 wurde ich freigesprochen.[1]

Ein Bekannter hatte mir gesagt, auf der Frauentoilette am Halleschen Tor würden Obdachlose wohnen. Es seien mehrere Männer, alle voller Läuse. Einer von ihnen habe einen offenen Darmausgang, aber keine Tüten. Die Scheiße flösse in die Kleider, der Gestank sei bestialisch. Es folgte ein ziemlich mühsamer Versuch, Tüten zu bekommen, danach viele Versuche, Hilfe zu organisieren. Aber es stellte sich heraus, dass es praktisch niemanden gab, der half. Ich lernte damals,

1. Zu dem Prozess s. »Verteidigungsrede vor dem Landgericht« im Anhang dieses Buches, S. 105.

dass es Menschen gibt, die faktisch in kein Krankenhaus aufgenommen werden. Manfred Lehmann war und ist einer von ihnen. Wie oft ist er nachts auf der Toilette zusammengeschlagen, getreten und beraubt worden! Er wurde manchmal in die Notaufnahme gefahren, wo man ihn kannte und in der (überlasteten) Erste-Hilfe-Station verband. Regelmäßig kehrte er aber in die Toilette zurück. Zur Feier des Heiligen Abends in unserer Gemeinde 1993 kam er mit geschwollenem Auge und blutverkrustetem Gesicht. Er gab mir den ärztlichen Befund – ein ganze Seite voll. Jemand hatte von ihm Geld gewollt, zwei Feuerzeuge und 3 DM abgenommen und ihn mit dem Schuh ins Auge getreten.

Als ich ihn kennen lernte, lebten außer ihm noch drei andere Männer in der Frauentoilette – einer von ihnen, Rudi, ist inzwischen tot. Man fand ihn auf der Straße auf dem Hermannplatz. Irgendjemand wusste, dass er gestorben war, und sagte es mir. Ich musste lange telefonieren, bis ich die Leiche ausfindig machen konnte. Menschen, die mehrfach überfallen worden sind, haben keine Papiere mehr und werden als Unbekannte ins Leichenschauhaus eingeliefert. Dort fand ich die Spur von Rudi, sodass wir – einige Obdachlose und auch Angehörige – ihn beerdigen konnten.

1991 lebte Rudi noch und wohnte mit den anderen »am Halleschen Tor«. Wenn die Männer zu uns in die Wärmestube kamen, blieben sie im Flur sitzen und warnten mich wie Aussätzige: »Komm uns nicht zu nahe! Wir haben Läuse!« Ich riet ihnen, zur Desinfektion zu gehen und sagte ihnen die Öffnungszeiten[2] (natürlich morgens von 8.00–9.30 Uhr, wenn jeder Obdachlose ohne Quartier von der ständigen Wachsamkeit während der Nacht völlig erschöpft ist und verzweifelt schlafen möchte!), – aber die Männer hatten weder die kör-

2. Damals war noch die Desinfektionsanstalt Mittelbuschweg in Neukölln geöffnet.

perliche noch die geistige Energie, den weiten Weg nach Neukölln anzutreten.

Also trieb ich sie eines morgens aus der Toilette ins Kalte. Sie waren auf Entzug und schlotterten. Um mit ihnen überhaupt losgehen zu können, musste ich sie stärken. Ich kaufte Frühstück – aber sie brauchten Alkohol. Also besorgte ich Wein. Es war eine mühsame Aktion, und sie dauerte bis zum Abend, weil Rudi unter der Dusche der Desinfektionsanstalt zusammenbrach.

»Er muss in ein Krankenhaus!« sagte die anwesende Ärztin.

»Können Sie ihn einweisen?« fragte ich.

»Nein.«

Also fuhr ich die Männer in ihre Wohnung (das heißt in die Toilette) zurück und versuchte, den Kranken im Krankenhaus unterzubringen. Vergebens. Es gelang mir nicht.

Ein anderer Obdachloser, von dem ich wusste, dass er seit drei Jahren in einer Tordurchfahrt schlief, war Hotte. Er war etwa 30 Jahre alt und so krank, dass er nur noch mit Mühe bis zur nächsten Tankstelle oder Imbissbude torkeln konnte, um sich wütend etwas zu erbetteln und sein geschnorrtes Geld in Schnaps umzusetzen. Wie oft er in die Ausnüchterungszelle und zur Ersten Hilfe gebracht wurde, weiß ich nicht – bestimmt oft! Einmal war er für drei Wochen im Krankenhaus, wurde anschließend an seinen Platz vor dem U- und S-Bahnhof Yorckstraße entlassen und führte das gleiche Leben weiter.

Im September 1992 war es wieder jener schon erwähnte Bekannte, der mir sagte, Hottes Augen seien vereitert. Es sei zu befürchten, dass er erblinde. Ob ich etwas tun könnte? Ich fuhr hin und fand ihn im Regen auf einer Matratze liegend vor dem Bahnhof im dichten Autoverkehr. Das eine Auge war schwarz-blau, voller Eiter. Er zeigte mir seine Wohnung, eine düstere Toreinfahrt, durch die es zu einem bewohnten Hinterhof ging. Ich lud ihn ins Auto. Er jammerte nach Alkohol. Die

Entzugserscheinungen waren so schlimm, dass ich ihm einen Flachmann kaufte.

Nach zwei Stunden Untersuchung im Krankenhaus, wo ich hoffte, ihn – ohne Krankenschein und Einweisung – loszuwerden, wurde mir von der Ärztin gesagt, das Auge müsse dringend behandelt werden, aber sie hätten keine Augenklinik. Noch am selben Abend fuhr ich ins nächste Krankenhaus, das mir als zuständig genannt worden war. Aber trotz aller Bitten, aller Vorhaltungen und allen Auftretens meinerseits nahm ihn auch dieses Krankenhaus nicht. Sie hätten keine Betten für Alkoholiker, hieß es. Während ich noch auf die Ärzte einzuwirken versuchte, waren die Entzugserscheinungen bei Hotte so schlimm, dass er floh. Ich suchte ihn in jener Nacht überall – und fand ihn nicht. Erst am nächsten Morgen sah ich ihn wieder – an seinem alten Platz vor dem Bahnhof.

Das Auge hat er verloren. Wozu braucht ein Obdachloser zwei Augen?

Probleme der Krankenversorgung

Wenn ich auf diesen Seiten schildere, wie Menschen auf der Straße gestorben sind, entsteht die Frage: »Warum haben Sie den Menschen nicht geholfen? Oder wenigstens Hilfe geholt?«

Es ist durchaus so, dass ich immer wieder Versuche gemacht habe und mache, Menschen zu helfen. Alle, die wir mit Obdachlosen arbeiten, versuchen es. Aber es sind zu viele Hilfsbedürftige. An dem einen Tag in der Woche, an dem unsere Wärmestube offen ist, kommen zurzeit etwa 120 Menschen zusammen, von denen eine ganze Reihe dringend ärztliche Behandlung braucht, aber weder Krankenschein noch einen Ausweis besitzt, weder Sozialhilfe noch Arbeitslosengeld bezieht. Zuweilen zeigen und beschreiben mir die Leute ihre Krankheiten: Wasser, offene Beine, Eiter bis zum Knochen, Hautausschlag, Schlagverletzungen, Asthma, Magen- und Darmkrankheiten, Drogenkrankheiten – vor allem Abhängigkeit von Alkohol. Ich habe Menschen auf der Gneisenaustraße gesehen, von Fliegen befallen, ganz verkrustet, sterbend, mitten im dichten Verkehr.

Was soll man denn machen, wenn ein Mensch mit einer klaffenden Wunde am Bein vor einem steht, einem die völlig vereiterte Stelle zeigt und sagt: »Das Krankenhaus hat mich abgewiesen, weil ich Läuse habe. Ich soll erst zur Desinfektion. Und die Leute der Desinfektion haben gesagt, ich solle erst das Bein behandeln lassen, vorher könnten sie mich nicht desinfizieren.«

Es bleiben mir in einem solchen Fall nur noch List und Betrug übrig, um den Menschen ins Krankenhaus zu helfen. Wer Obdachlosen begegnet, kommt immerfort an die Grenzen seiner Möglichkeiten.

Einmal habe ich, um für Hotte (den nächsten Versuch unternehmend) einen Krankenschein zu bekommen, eine Woche lang täglich mehrere Telefonate getätigt, um erst einmal das für ihn zuständige Sozialamt herauszufinden und (unter Einsatz meines Titels, nachdem ich dem Vorgesetzten des Amtes wer weiß was alles gesagt hatte) die Genehmigung zu erhalten, für den Menschen stellvertretend und ohne Vollmacht (denn Hotte hat keinen Personalausweis mehr) einen Krankenschein abholen zu dürfen. Glücklich war ich, als ich dann auch noch einen Arzt fand, der bereit war, aus seiner Praxis herunter auf die Straße zu kommen und Hotte anzusehen. Der Kranke wäre im Warteraum für alle dort Sitzenden eine Zumutung gewesen, und außerdem: Wie sollte ich ihn eine Treppe hoch schaffen? Als ich dann mit dem Schein an den Bahnhof kam, um Hotte zu holen, sagte man mir, er sei am Tag zuvor tot aus der benachbarten öffentlichen Toilette getragen worden.[3]

3. Er war aber lebend in die Gefangenensammelstelle gebracht worden.

Mir wurde damals klar, dass das System der ärztlichen Versorgung im Bereich Obdachlosigkeit ergänzt werden muss. Zwar ist dem Gesetz nach – über die Sozialämter – für alle Menschen gesorgt (sowohl was Sozialhilfe und Unterkunft, als auch ärztliche Versorgung betrifft), aber das steht auf dem Papier. In Wirklichkeit ist für viele Menschen nicht gesorgt.

Sterbebegleitung

Ich entschied damals, zwei Wege zu gehen. Einer war der Weg auf die Straße. Ich wollte die Obdachlosen, namentlich mit ihren Geschichten und ihren aktuellen Sorgen, kennen lernen. Ich bat sie, mir ihre Orte zu zeigen, wo sie hausten, wo sie übernachteten, wo sie Platte machten, wo sie schliefen. Insbesondere lernte ich Menschen kennen, die in der Nähe unseres Gemeindehauses »wohnten«, ohne eine Wohnung zu haben.

Statt zu sagen: »Sie leben auf der Straße«, hätte ich auch sagen können: »Sie sterben auf der Straße.« Voller Erschrecken wurde mir klar, wie jung viele von ihnen sind. Obdachlose werden nicht alt. Die Wohnungslosigkeit zehrt an allen Kräften. In der Wärmestube bin ich oft der Älteste. Viele sind unter dreißig, ja unter zwanzig Jahre alt. Ich überlegte: Begleiten wir in der Gemeinde nicht auch Menschen, die anderswo die letzte Zeit ihres Leben verbringen, bis zum Tode? Auch ihnen können wir nicht mehr helfen, wohl aber ihr Sterben menschlich machen.

Ich fing an, meine Arbeit als Sterbebegleitung zu begreifen. In den zehn Jahren, in denen ich Obdachlose betreue, habe ich eine Reihe von ihnen beerdigen müssen. Wie viele unerkannt eine »anonyme Bestattung« in einem Sozialgrab erhielten, weiß ich nicht. Immer wieder aber stellten wir fest, es fehlte jemand, den wir kannten, ohne dass wir eine Nachricht über seinen Tod erhielten.

Es wurden von mir beerdigt und lagen bis zum Tod (oder bis kurz vor dem Tod) auf der Straße:

- Hans Breitfeld, er starb 1990 in einer öffentlichen Toilette in der Gneisenaustraße (22 Jahre);
- Horst Stenzel (genannt Hotte), er starb 1993 in einer Ausnüchterungszelle der Polizei, nachdem er bis zuletzt in einem Hausflur geschlafen hatte (37 Jahre);
- Rudi Plechata, er starb 1993 in der öffentlichen Toilette Hermannplatz (45 Jahre);
- Frank Heidenreich, er starb 1995 in einem Hausflur an der Sonnenallee (37 Jahre);
- Stefan Söhnlein (genannt Ghandi), er starb 1996 auf dem Bürgersteig in der Körtestraße (36 Jahre);
- Heinz Josef Peters (genannt Piko), er starb 1997 mit 49 Jahren auf der Gneisenaustraße;
- Peter Boroschefska, er starb 1997 im Waschsalon Mehringdamm (44 Jahre);
- Michael Zeper, er starb 1998 an einem unbekannten Ort (30 Jahre);
- Lutz Koppen (genannt Lupo) starb 1998, nachdem er vom Krankenhaus abgelehnt worden war und die letzten Tage auf der Straße gelegen hatte, zuletzt doch noch im Krankenhaus (38 Jahre);
- Stefan Heuer, er starb 1999 in einem Abrisshaus (23 Jahre).

Politische Aktivitäten

Der andere Weg, den ich ging, war der Weg in die oberen Etagen, also zu den Institutionen. Zusammen mit Dietrich Schirmer (Evangelische Akademie) und Bernd Klinkenstein (Diakonisches Werk) lud ich im Februar 1992 zu einer Tagung der Evangelischen Akademie ein, mit dem Thema: »Der Skandal Obdachlosigkeit«.

Es lag mir daran herauszufinden, was die *Gründe der Obdachlosigkeit* sind. »Obdachlosigkeit ist Wohungslosigkeit«, formulierten wir. Die Gründe für den mangelnden Wohnraum waren meines Erachtens nur schwer erkennbar. Der Hauptgrund lag (so meine These) in dem scheinbaren Paradoxon, dass ohne große Bevölkerungszunahme bei andauernder Wohnungsbautätigkeit (ganze Neubausiedlungen und Städte wurden nach dem Krieg errichtet) der Wohnraum Jahrzehnte lang immer knapper wurde.[4]

Eine weitere unserer Forderungen lautete: »Wir fordern den Senat von Berlin auf, für eine Sicherstellung der nachgehenden und akuten ambulanten und stationären *medizinischen Versorgung* von wohnungs- und obdachlosen Bürgern und Bürgerinnen – unabhängig von Zeitpunkt der Kostenübernahme – zu sorgen«. Es schwebte uns eine Krankenversorgung vor, bei der nicht (wie üblich) Kranke sich einen Schein besorgen und dann zu einem niedergelassenen Arzt oder einer niedergelassenen Ärztin gehen müssen, die sie gegebenenfalls in ein Krankenhaus einweisen. Stattdessen sind Ärzte, Ärztinnen, Schwestern und Sozialarbeiter nötig, die zu den Obdachlosen hingehen und dort erst einmal (behutsam und die Anonymität wahrend) die Angst überwinden, die diese Menschen vor allen Amtspersonen, Dateien, Büros und Formularen haben. Ich er-

4. Vgl. dazu im folgenden Kapitel den Abschnitt »Ursachen von Obdachlosigkeit«, S. 38 .

wähne an dieser Stelle das Problem der ärztlichen Versorgung besonders, weil es bei meinem Kontakt mit den Obdachlosen von großer Wichtigkeit war und geblieben ist.

Wir formulierten einen Katalog von Forderungen (zum Beispiel ein geschütztes Wohnungsmarktsegment einzurichten) und Vorschlägen (etwa zur Zusammenarbeit der völlig disparat agierenden Senatsbehörden), den wir den kommunalen und kirchlichen Entscheidungs- und Verwaltungsgremien zuschickten. Dazu kündigten wir an, im Herbst 1992 wieder einzuladen, um zu hören, was bis dahin getan und erreicht sei.

Die Befragung der Vertreter von Senat, Senatsverwaltungen und Kirchenleitung auf der Folge-Veranstaltung im Haus der Kirche im September 1992 erbrachte allerdings wenig. Wir erfuhren, dass die Sozialverwaltung mit der Verwaltung Bau/Wohnen darüber verhandelte, ein zusätzliches Kontingent von geschützten Wohnungen für Wohnungslose zu erhalten, dass die Übernahme von Mietschulden von einigen Bezirksämtern »exzessiv« praktiziert werden solle und dass Verhandlungen über eine mobile medizinische Hilfe begonnen hätten. Es waren im Wesentlichen Absichten, nicht Fakten. Von Seiten der kirchenleitenden Organe kam – außer der Vorbereitung eines Antrages eines ständigen Synodenausschusses zur Novembersynode – nichts. Insgesamt war mein Eindruck, dass Staat wie Kirche so stark mit der eigenen Struktur- und Finanzreform beschäftigt und in den eigenen Verfahrensabläufen gefangen waren, dass sie nicht in der Lage waren, rasch angemessene Schritte in Bezug auf die von uns dargestellten Probleme zu tun.

Einen Erfolg hatten unsere Bemühungen dann doch noch. Insbesondere durch die intensive Arbeit von Andreas Riesterer (Caritas) gelang es, ab November 1992 eine Halbtagsstelle für eine Ärztin zu finanzieren, die zu den Obdachlosen geht. Dr. Lisa Rasch konnte für diese Arbeit gewonnen werden.

Inzwischen ist im Bereich der Krankenversorgung Obdachloser manches geschehen – sowohl durch den Einsatz der *AG »Leben mit Obdachlosen«* als durch Senats- und Bezirkstellen, durch das Diakonische Werk, durch die Caritas und andere Träger. Die Arbeit in der Caritas-Ambulanz für Wohnungslose am Bahnhof Zoo (Jebenstraße 3) wurde erweitert. Es gibt zwei Ambulanzen von MUT gGmbH (in der Straße der Pariser Kommune 8-10 in der Nähe des Ostbahnhofes und am Bahnhof Lichtenberg, Weitlingstraße 11). Dort werden auch Zahnbehandlungen für Patienten ohne Krankenschein angeboten. Eine Krankenstation für Obdachlose hat die Berliner Stadtmission in der Lehrter Straße 69 eingerichtet. Das Caritas-Arztmobil fährt verschiedene Treffpunkte der Obdachlosen an. Außerdem arbeiten Ärztinnen und Ärzte ehrenamtlich in Notübernachtungen, Nachtcafés und Wärmestuben. Im Februar 1998 wurde ein Wohnprojekt in Kreuzberg eröffnet, das stationäre medizinische Versorgung und Pflege für kranke Obdachlose anbietet (Nostitzstraße 6/7 , Träger: Evangelische Kirchengemeinde Heilig Kreuz-Passion). In Berlin wurden von verschiedenen Trägern bundesweite Fachtagungen zum Thema »Armut und Gesundheit« organisiert.

Gewaltproblem

Ein anderes Problem, auf das wir öffentlich hinzuweisen versuchten, war und ist das der *Gewalt gegen Obdachlose*. Die Mitarbeiterinnen und Mitarbeiter der kirchlichen Wärmestuben und Notübernachtungen hatten schon im Mai 1992 begonnen, sich in regelmäßigen Abständen in der Heilig Kreuz Kirche zu treffen, um sich auszutauschen. Bei diesen Treffen wurden immer wieder entsetzliche Berichte von Gewalttaten gegen die im Schlaf befindlichen Obdachlosen gegeben. Erpressungen mit Waffen, Raub, Diebstahl, Schikane gegen die, die nichts mehr haben, sind in Berlin tägliche Praxis.

Obdachlose sind auch im Sommer wohnungslos

Wir – Betreuer und Betroffene – beschlossen, gemeinsam zu einer politischen Veranstaltung am 31.3.1993 in die Taborkirche einzuladen. Von den geladenen Senatsvertretern erschien nur der Staatssekretär für Soziales, Herr Tschöpe – für eine Stunde.

Unsere Forderungen lauteten:

- Öffnung einiger Wärmestuben und Notübernachtungen auch im Sommer, denn wohnungslos sind die Obdachlosen nicht nur im Winter;
- die finanzielle Absicherung der neugeschaffenen Stelle

für eine Ärztin durch den Senat sowie die zusätzliche Anstellung von Krankenschwestern und Sozialarbeitern;

- Maßnahmen, die der Gewalt gegen Arme entgegenwirken;
- eine neue Konzeption des Senats für den Umgang mit Armut und Obdachlosigkeit.

Der Staatssekretär verwies in Sachen medizinischer Versorgung auf die Zuständigkeit anderer (Kassen, Senatsverwaltung für Gesundheit und Soziales, Verbände) und ließ sich – schon im Gehen – lediglich abringen, dass die Senatsverwaltung darüber »in Verhandlung treten werde«, ob bei einigen der bestehenden kleinen Kältehilfeeinrichtungen eine Öffnung im Sommer finanziert werden könnte. Dieses Vorhaben, *Sommer-Nachtcafés* einzurichten – also verschiedene, ganzjährig offene Räume (auch offene Kirchen), die durch die Woche jeweils für *eine* Nacht »niedrig-schwellig« (das heißt ohne Vorbedingungen) Obdachlose aufnehmen – ist immer noch Plan. Lediglich eine Kirchengemeinde hatte 1999 (finanziert durch Spenden) ein Sommer-Nachtcafé geöffnet.

Die *Arbeitsgemeinschaft »Leben mit Obdachlosen«*

Trotz dieses mageren Ergebnisses der Versammlung in der Tabor-Kirche hatte diese Veranstaltung eine für unsere Arbeit wichtige Folge. Die zunächst losen Arbeitstreffen der Mitarbeiter und Mitarbeiterinnen aus den verschiedenen Einrichtungen hatten zu einem festen Zusammenschluss geführt. Gemeinsam hatten wir eingeladen und die Veranstaltung durchgeführt.

Um besser für die Interessen der Obdachlosen eintreten zu können, schlossen wir uns im September 1993 zur *Arbeitsgemeinschaft »Leben mit Obdachlosen«* zusammen. Damals arbeiteten 14 Initiativen und Institutionen mit – inzwischen sind es über 70. Wir gaben ein Grundsatzpapier heraus und wählten einen Sprecherrat.

Kritik am Senatskonzept

Als erstes verstärkte sich bei uns der schon vorhandene Eindruck, dass das Konzept des Senates, Obdachlose in Pensionen, Heime und Hotels einzuweisen, dringend überprüft werden musste. Denn gemeinsam konnten wir uns nun einen ungefähren Überblick über Art, Vielfalt und Unterschiede der einzelnen Pensionen verschaffen.

Viele Obdachlose meiden Pensionen und Heime. Als furchtbar wurde von vielen empfunden, dass sie zu sechst oder acht in einem Zimmer nächtigen mussten und oftmals nicht schlafen konnten. Gerade Obdachlose leben sehr individuell. Gemeinschaft ist das, was ihnen entzogen wurde und was sie verlernt haben. Andere klagten über Alkohol, Gewalt und Diebstahl in den Pensionen. »In der Pension habe ich mir nachts die Schuhe an den Füßen festgebunden, damit ich sie morgens noch hatte«, berichtete mir ein Obdachloser. Beklagt wurde auch, dass manche Pensionen tagsüber nicht offen standen, sodass der Aufenthalt im warmen Raum durch Kneipenbesuche erkauft werden musste. Manche erzählten, sie gäben lieber den Kostenübernahmeschein (1993 zwischen 30,- und 150,- DM pro Bett und Nacht!) in der Pernsion ab, schliefen aber draußen, um sich die Hälfte der Kostenübernahme von den Betreibern auszahlen zu lassen (also zum Beispiel 15,- DM täglich = 105,- DM pro Woche), während diese das Bett noch einmal belegen (und noch einmal kassieren) konnten.

So kritisierte die AG (zusammen mit vielen anderen) das »Pensionsunwesen« auch grundsätzlich. Obwohl die Pensionen teuer sind (meines Wissens kosteten Anfang der neunziger Jahre die Einweisungen pro Jahr allein in Kreuzberg 20 Millionen DM) bringen sie langfristig keine Änderung für die Obdachlosen – lediglich Gewinn und Ärger für die Betreiber. Eine Einweisung in eine Pension, die lediglich einen Bettplatz zur Verfügung stellt, bietet keine Perspektive für einen obdachlosen Menschen. Sie verfestigt und verschlimmert seine Situation. Sie bringt Menschen nur scheinbar von der Straße weg.

Gegenmodell

Bei unserem Erfahrungsaustausch wurde uns deutlich, dass für Obdachlose der Mangel an menschlichen Beziehungen mindestens ebenso gravierend ist wie der Mangel an Nahrung, Kleidung und Wohnraum. Wir formulierten: »Obdachlose brauchen mehr als Schlafplatz, Unterkunft und Wohnung. Ebenso wichtig wie Wohnungen sind Menschen. Obdachlose brauchen Begleiterinnen und Begleiter, Menschen, die ihnen helfen, wieder wohnen zu können.«

Allen Versuchen des Senats, das Obdachlosenproblem mit »Großprojekten« zu lösen, das heißt der Umwandlung von Kasernen, Turnhallen und Miethäuser zu Großasylen, standen wir aus dieser Einsicht heraus skeptisch gegenüber. Dezentrale, kleine, über die Stadt verteilte, personalintensive, von vielen Gruppen und Einzelnen getragene Projekte halten wir für sinnvoller. Die Bereitstellung von Einzelwohnungen im »geschützten Marktsegment« stellt lediglich für Menschen, die das »Alleinwohnen« nicht verlernt haben, eine Hilfe dar. Wir machen in den Wärmestuben die Erfahrung, dass für viele Menschen, die vereinsamt leben, Wärmestuben eine wichtige – manchmal die einzige – Bezugsmöglichkeit bilden. Alle schon bestehenden Projekte des »Betreuten Wohnens« sind daher unseres Erachtens verstärkt zu fördern und weiter zu entwickeln.

Auch beim »Pensionsunwesen« ist inzwischen einiges geschehen: Auf Betreiben vor allem von Frau Junge-Reyer, der bisherigen Stadträtin von Kreuzberg, wurden Begeher von Obdachloseneinrichtungen eingesetzt. Außerdem wurde ein Kriterienkatalog für Mindeststandards entwickelt. Der Preis für ein Bett pro Nacht konnte drastisch gesenkt werden. Modelle anderer, alternativer Obdachlosenheime sind entstanden oder geplant.

Das Zusammenleben von Menschen braucht immer auch Geist: ein Ziel, Tätigkeit, Arbeiten in einfachen Formen (ohne 8-Stunden-Arbeitstag), Erfahrungsaustausch, Kultur, Feier und Fest. Das gilt auch für Menschen ohne Wohnung. Es geht letztenendes nicht um Versorgung. Wer die Überschrift »Leben mit Obdachlosen« ernst nimmt, verklärt weder Armut und Elend, noch verdrängt er Arme und Elende aus der Innenstadt, sondern sucht die Möglichkeiten und Fähigkeiten der obdachlos Gewordenen in der Stadt zur Geltung zu bringen. Da der Weg der Gesamtgesellschaft nicht zu immer mehr »Wohlstand für alle« führt und führen kann, da im Gegenteil dieser Weg längst ein bedrohlicher Weg ist, der zu immer mehr »Wohlstand für Wenige« und »Armut für Viele« führt, gilt es, Lebenswirklichkeiten zu finden, die mit weniger Raum, weniger Geld, weniger Komfort und weniger technischen Prothesen auskommen. In dieser bestimmten Hinsicht kann von den Armen gesagt werden, dass sie gesellschaftliche Zukunft vorwegnehmen.

Das »Leben mit Obdachlosen« verliert – so verstanden – jenen Geruch, der aller sozialen Tätigkeit anhaftet, den des »Almosengebens«. Der Hauptunterscheidungspunkt zwischen dem Senatskonzept der »Einweisung von Obdachlosen in Pensionen« und unserem Konzept des »Lebens mit Obdachlosen« liegt in der Alternative, ob die Obdachlosen lediglich als Empfänger (Sozialhilfeempfänger) angesehen oder als Menschen erkannt werden, von denen etwas in Bezug auf die auf uns zukommende Zeit zu erkennen und zu lernen ist, und mit denen wir zusammen bleiben wollen. Das Überleben der Armen enthält eine Erkenntnis, wie die Gesellschaft insgesamt überleben, das heißt leben kann.

Hauptstadtwerdung

Im Oktober 1993 wurde die »Wagenburg am Engelbecken« auf dem ehemaligen Mauerstreifen zwischen Ost- und West-Berlin geräumt. Dort hatte sich etwa 50 Menschen in Bauwagen ein Obdach geschaffen. Sie wurden von einem Aufgebot von 900 Polizeibeamten umstellt und schließlich vom Platz vertrieben. Die offizielle Argumentation lautete, die Wagenburg widerspreche »gegen ungeschriebene gesellschaftliche Verhaltensregeln und Wertvorstellungen ..., insbesondere auch dem ästhetischen Empfinden der übrigen Bevölkerung in direkter Nachbarschaft ... Für die überwiegende Mehrheit der Bevölkerung ist die dauerhafte Existenz von Wagenburgen in der Innenstadt unerträglich.«

Eine Reihe von Protestierenden zog nach der Räumung vor das Rote Rathaus und später auf den Marx-Engels-Platz hinter dem Palast der Republik. Von beiden Orten wurden sie ebenfalls durch die Polizei vertrieben und fanden schließlich vor der Volksbühne einen Ort der Meinungsäußerung. Durch diese Geschehnisse wurde das Problem Obdachlosigkeit aus der individuellen in die allgemeine Ebene gehoben.

Was geschieht mit den von Armut bedrohten Menschen in der Innenstadt? Werden sie durch Steigerung von Mieten und Lebenshaltungskosten in die Verelendung, in Slums und letzten Endes in ein rasches Sterben gedrängt? Wo sind die angemessenen sozialen Entscheidungen des Senats angesichts

der stadtplanerischen Bauentscheidungen bei der Hauptstadtwerdung Berlins?

Die jede soziale Komponente außer Acht lassende ästhetische Begründung der Räumung am Engelbecken ließ auf eine völlige Ohnmacht der Senatsverwaltung schließen. »Wir stellen fest,« äußerten damals Mitglieder der Caritas und anderer Institutionen aus Anlass der Räumung, »dass in der Mitte der Stadt kein Platz ist für arme und sozial schwache Menschen, für Menschen, die in der Gesellschaft der Starken und Besitzenden nicht bestehen können, für Menschen, die einen anderen Lebensstil pflegen und unbequem sind. Doch gerade diese Menschen brauchen die Stadt, und die Stadt braucht diese Menschen in ihrer Mitte.«

Der »erste Spatentisch« am Potsdamer Platz, der Beginn der Bebauung, fiel auf den Tag der Räumung am Engelbecken. Der Regierende Bürgermeister sagte damals am Potsdamer Platz: »Mit diesem Spatenstich gewinnt Berlin seine Zukunft.« Das ist zu wünschen. Zu befürchten ist aber, dass die Zukunft Berlins auf Kosten von Menschenleben gewonnen wird. Denn das Sterben auf den Straßen Berlins hat nicht aufgehört.

Obdachlos ist wohnungslos

Der folgende Text aus dem Jahre 1991 war mein erster Versuch, Erfahrungen aus der Obdachlosenszene auf den Begriff zu bringen. Ein erster Teil versucht, Phänomene zu beschreiben, ein zweiter historische Vergleichspunkte zu finden, im dritten Teil werden Gründe und Ursachen von Obdachlosigkeit diskutiert.

Obdachlos in Kreuzberg

1.

Kreuzberg hatte vor dem Fall der Mauer für wenig verdienende Menschen eine Fülle preisgünstiger Raumangebote. Nachdem Kreuzberg wieder »Stadtmitte« ist, steigt die Nachfrage nach Räumen für Verwaltung, zentrales Wohnen und Gewerbe. Die finanzschwachen Mieter sind vermehrt abhängig von öffentlichen Mietzuschüssen und werden, wenn die Mieten stärker steigen als das Wohngeld, aus ihren Wohnungen gedrängt. Natürlich wollen die Menschen im Kiez bleiben. Ersatzwohnraum gibt es kaum. Also leben sie auf der Straße. Obdachlosigkeit beginnt mit dem Verlust der Wohnung.

Man sollte zu den Betroffenen rechnen:

- *latent* Wohnungslose, das heißt diejenigen, die sich nur noch mit staatlicher Hilfe in ihrer Wohnung halten können und denen Verlust der Wohnung droht;
- *manifest* Wohnungslose, das heißt diejenigen, die keine Wohnung, aber ein Obdach haben und in Pensionen, Heimen, Asylen und Notunterkünften leben;

- *real* Wohnungslose, die nicht einmal mehr ein Obdach haben, sondern im Freien, in öffentlichen Räumen, in Bahnen und dergleichen »Platte machen«.[5]

Letztere sind meistens polizeilich nicht gemeldet. Und wiewohl allen Obdachlosen Sozialhilfe und medizinische Versorgung zusteht, wächst die Zahl derer, die weder das eine noch das andere erhalten.

2.

Viele Obdachlose, die in Wärmestuben und Notübernachtungen kommen, besitzen keine oder nur wenige Dinge – allenfalls eine Plastiktüte voll. Sie schlafen in Toiletten, in U-Bahnen, in S-Bahnen, in Abrisshäusern, auf der Straße (auch im Schnee), auf U-Bahn- und Kino-Rosten (wo die verbrauchte Luft aufsteigt), auf Bänken, auf Treppenpodesten, in Müllcontainern und unter Brücken. Ein Mann erzählte neulich, er habe auf einer Parkpark geschlafen, wäre von einem Polizisten geweckt worden und habe sich nicht aufrichten können, da seine Kleider an der Bank festgefroren waren. Viele kommen wochenlang nicht aus den Kleidern heraus. Viele sind krank: Hautkrankheiten, offene Wunden, Rheuma, Darmkrankheiten, psychische Krankheiten, Drogenkrankenheiten. Viele riechen, stinken. Es ist schwer möglich, sich lange in ihrer Nähe aufzuhalten. Viele haben nur das, was sie auf dem Körper haben. Vorräte gibt es nicht. Dinge der Vergangenheit gibt es nicht.

Der Lebensunterhalt wird durch Sozialhilfe (Sozi), durch Teilhabe an der Sozi anderer, durch Rückgabe eingesammelter Pfandflaschen, durch Diebstahl und Betteln (Schnorren) beschafft. Schnorren ist Arbeit.

5. Verwirrenderweise werden in offiziellen Texten die »manifest Wohnungslosen«, die ja über ein Obdach verfügen, als »Obdachlose« bezeichnet. Menschen ohne Wohnung, die »real Wohnungslosen«, heißen in den Papieren des Senats »Menschen auf der Straße«.

Immer mehr Obdachlose sind Jugendliche, unter 25 Jahre alt. Sie haben kleine abgeschlossene Schulbildung, keine Lehre und keine Aussicht, jemals eine zu machen. Viele haben Schulden. Noch jedes Mal, wenn ich einem Obdachlosen eine formale Anmeldung besorgte (damit er an Ausweis und Sozi herankommt), kamen als Erstes mehrere Briefe von Polizei, Staatsanwaltschaft, Banken und Gläubigern. Keine Wohnung zu haben, ist auch ein Abtauchen vor dem Zugriff der Polizei und den Forderungen anderer. Das Abtauchen ist ein – oftmals schon von Kindheit an – eingeübtes Verhalten.

Grundsätzlich ist das Leben ohne Wohnung teurer als das Leben mit einer Wohnung, da kaum etwas selbst erstellt werden kann, sondern für jede Sache eine Dienstleistung mitbezahlt werden muss. Außerdem kostet die Versorgung mit dem Einfachsten einen unverhältnismäßig großen Aufwand. Den Armen wird daher nicht nur der Raum, nicht nur Hab und Gut, sondern auch die Zeit genommen.

Viele Obdachlose wissen, dass sie nur noch wenig Zeit haben, weil sie sterben werden. Sie formulieren (wie Krebskranke) den Wunsch, noch ein paar Jahre zum Leben zu haben. Zeit wird zugleich als etwas Furchtbares empfunden, was vernichtet, verbracht, zugebracht werden muss. Jeder Augenblick aber, der anders, der erfüllt ist, wird – alle Vergangenheit und Zukunft vergessend – voller Freude begangen.

Ältere Männer haben oftmals kein lebendiges Verhältnis zu Frauen. Berührung, Zärtlichkeit, Sexualität ist für sie etwas Verlorenes. Ein 30-jähriger formulierte: »Ich bin im Existenzkampf so verstrickt, dass ich Frauen nur noch anschauen kann. Ich schaue sie mir an wie Waren im Supermarkt, die schön verpackt sind.« Zu Kindern fehlt oft jede Beziehung. Selber ein Kind zu versorgen, ist undenkbar, wenn man sich nicht einmal selbst versorgen kann. »Für Kinder bin ich 'ne Störung«, sagte ein junger Obdachloser zu mir.

Freundschaften gibt es selten. Misstrauen ist eingeübte

Notwenigkeit gegenüber jedem, insbesondere auch gegenüber anderen Obdachlosen. Viele Obdachlose haben soziales Verhalten nirgends lernen können oder mittlerweile verlernt. Sie müssen ständig auf der Hut sein, angegriffen, beleidigt, bestohlen und vertrieben zu werden. Es gibt Rebellen, die durch die Kritik an allen Behörden und durch ständiges Prozessieren und Protestbriefeschreiben ihr bürgerliches Ich erhalten. Häufiger allerdings sind mir Menschen begegnet, deren Ich sich in Auflösung, in Zerstreuung, in Resignation und Flucht befand.

Wer keine Wohnung hat, die ihn schützt, versucht sich mit abstoßender Kleidung und Frisur zu schützen. Die Kleidung vieler Obdachloser gleicht einer eisenbeschlagenen Rüstung. Die Hände und Arme sind voller Schlag- und Totenkopfringe, Schlangen, Spinnen, Drachen, Dämonenköpfe usw. Die genaue Betrachtung der Kleidung und der Symbole, die »in der Szene« auftauen, gibt Aufschluss über das Selbstverständnis der sich ausgegrenzt wissenden Menschen.[6]

3.

Sich auf eine Aufzählung der Defizite, die das Leben von Obdachlosen kennzeichnet, zu beschränken, ist einseitig. Unbedingt notwendig ist auch die Beschreibung des »Innenraums« der Ausgegrenzten.

Viele Obdachlose haben einen über die Maßen entwickelten Sinn für Gerechtigkeit und Ungerechtigkeit. Immer wieder gibt es philosophische Köpfe in der Szene, Leute, die gerne diskutieren und die Bücher schreiben möchten.

Immer wieder bin ich über die Feinfühligkeit und Sensibilität obdachloser Menschen erstaunt. Ihr Wahrnehmungsvermögen im sozialen Bereich ist oft von großer Schärfe und Feinheit. Umgekehrt führt diese Sensibilität zu vielen Empfindlichkeiten, Animositäten und Streitereien. Es gibt Kultur

6. Vgl. das Kapitel »Die Spinne auf der Haut«, S. 51.

unter den Obdachlosen sowohl im sozialen als auch im ästhetischen Bereich. Ebenso oft wie Rücksichtslosigkeit und Brutalität kommen Hilfsbereitschaft und Solidarität vor. Immer wieder kamen Obdachlose und baten um Instrumente, um Musik zu machen: Sie sangen und trugen eigene Gedichte vor. Auch religiöse Äußerungen gibt es oft.

In aller Misere führen Winzigkeiten zu unbeschwertem Lachen. Ohne das Obdachlosendasein verklären zu wollen (Vagabunden-Leben à la Hermann Hesse), möchte ich sagen, dass das Zusammensein mit ihnen voller Ernst und Leid, aber auch voll Leichtsinn und Freude ist.

Zerstreuen und Sammeln

1.

Obdachlose wohnen in der Zerstreuung. Ihr Wohnort ist die Stadt. Hier haben sie ein Schließfach, dort eine Frühstücksstube, dort eine Stelle, wo sie umsonst warmes Wasser bekommen, dort eine Wartehalle bei Regen, dort einen Pfarrer, bei dem man für das Erzählen einer Geschichte einen Blauen kriegt, dort eine Stelle zum Schnorren, dort einen Ort, wo man Platte machen kam. Selten »sitzen« Obdachlose, ohne fürchten zu müssen, vertrieben zu werden. Sie haben keinen Sitz, sind »nicht-sesshaft«.

In der jüdisch-christlichen Tradition wird, was zerstreut ist, »aus der Zerstreuung« geholt. Gott wird »die Versprengten Israels ... zusammenbringen und die Zerstreuten Judas sammeln von den vier Säumen der Erde«, heißt es im Alten Testament (Jesaja 11,12). »Er ... sammelt seine Herde mit seinem Arm, die Lämmer trägt er an seinem Busen« (Jesaja 40,11). Das Volk des ersten Bundes wird aus der Diaspora geholt.

In der Religionsbewegung der Gnosis (die sich bald nach der Entstehung des Christentums in seinem Umfeld entwickelte) werden die zerstreuten Lichtfunken (Glieder) zu einem »Lichtleib« zusammengefügt. »Lässet auch ein Haupt sein Glied, welches es nicht nach sich zieht?« heißt es im evangelischen Gesangbuch (EG 526,2).

Nicht nur aus den Räumen (den vier Enden der Erde) werden Menschen gesammelt, auch aus den Zeiten. Der äußeren Sammlung entspricht die innere Sammlung des Ichs, die Herausbildung von neuzeitlichem Selbstbewusstsein und von Individualität. Sich sammeln bedeutet sich konzentrieren.

2.
Viele Obdachlose leben nur noch in der Gegenwart, haben ihre Vergangenheit und Zukunft verloren. Ihre Zeit ist der Tag. Die Planung geht von Tag zu Tag. Ihr Problem ist: Wie werde ich heute satt? Wo werde ich heute schlafen? Oftmals sind für sie die Familien und Orte verloren, aus denen sie kamen und an denen Vergangenheit festgemacht werden kann. Sie sind aus den Räumen der Vergangenheit vertrieben. Um Zukunft vorwegzunehmen zu können, um planen, Vorräte anlegen, Vorsorge treffen zu können, sind ihnen die Bedingungen entzogen.

3.
Die Bedingungen der Möglichkeit für das »Haben« von Vergangenheit und Zukunft sind das, was wir Ansiedlung, Haus und Wohnung nennen. Sie sind auch Bedingungen der Möglichkeit des transzendentalen und vernünftigen Ichs. Ein ummauerter, fester Bezirk (der Tempel, das Kloster, die Stadt), ein mittels staatlicher Sanktionen abgeschirmter, privater Bezirk (das Haus oder die abgeschlossene Wohnung) ermöglichen Sammlung in räumlicher, zeitlicher und geistiger Hinsicht.

Eine Wohnung ist ein Ort, an dem Dokumente, Erinnerungen und Gegenstände der Vergangenheit gesammelt werden können (zum Beispiel Fotoalben, Bilder, abgelegte Briefe,

Kleider, Schmuck usw.). Eine Wohnung ist ein Ort, der Raum für Zukunftswirtschaft bietet und in dem Zukunft vorweggenommen werden kann (zum Beispiel durch Vorratswirtschaft in Schränken, Kellern, Gefriertruhen, aber auch durch das Sammeln von zukunftsträchtigen Dingen, die »auf die hohe Kante« oder »Bank« gelegt werden können). Die Wohnung ist Ort, der dem modernen Individuum eine Konzentration vieler Funktionen und Lebensmöglichkeiten bietet.

Der Obdachlose dagegen isst woanders, als er schläft. Er muss sich eine Toilette suchen und einen Wasserhahn, an dem er sich waschen kann. Er lebt zerstreut.

4.

Für die Frage nach der Ursache der Obdachlosigkeit, ist die Entwicklung des Wohnens von großer Bedeutung. Die ersten Orte der Konzentration von Geist und Wissenschaft, Religion, Recht und Medizin waren die Tempel, Klöster, Königssitze und die Schlösser. Das Schloss des 18. Jahrhunderts zum Beispiel hatte eine Bibliothek, eine Kapelle, einen Empfangssalon, eine Küche (höchstens zwei), einen Park, eine Remise, eine Orangerie u.a.m. Die hierarchische gegliederte Gesellschaft hatte mehr oder weniger an der Gesamtheit der jeweiligen Raum-Funktionen Anteil. Auch der Kutscher wusste sich in die Vergangenheit der Schlossfamilie eingebettet, und ihre Zukunft war die seine.

Inzwischen gilt: »My home is my castle«. Die Entwicklung des Wohnens hat fast nirgends zu einer Öffnung des Schlosses und seiner Funktionen für *viele* Bewohner, aber fast immer zu einer Multiplizierung des »Schlosses« für jeden *einzelnen* geführt: Jeder will sein »home«, sein »castle« haben.

Jede noch so kleine bürgerliche Wohnung hat alle Schloss-Funktionen übernommen. Jede ist abgeschlossen. Die Eingangstür imitiert mit Säulen rechts und links ein Portal. Jedes Appartement hat seine »Bibliothek« (Bücherschrank) und seine »Kapelle«. Letztere wandelt sich zum »Heiligen Winkel« (mit Ahnenbildern), zum Wohnzimmerbuffet (rechts Säule, links Säule, dazwischen Tür, dahinter das kostbare Geschirr). Ihren Platz bekommt schließlich der Fernseher (ein spannendes Kapitel der Veränderung von Wohnfunktionen, das ich hier nicht darstellen kann). Jedes Appartement hat seinen Wohnbereich, seine Küche, sein Bad, seine Vorrats- und Stauräume, seine Garage oder seinen Parkplatz sowie seine Mini-Orangerie (als Blumenfenster). Das Einfamilienhaus hat einen Garten als »Minipark«.

Es wäre eine andere Entwicklung des Wohnens denkbar gewesen, aber die Herausbildung des selbstbewussten Ichs, die Notwendigkeit von geistiger Konzentration, die Herausführung des Bürgers aus Unmündigkeit und Abhängigkeit verlangte diese Entwicklung: Jede Wohnung ist inzwischen so »autonom« und tabu wie ein Schloss oder Kloster. Jede Wohnung hat tendenziell alles. Jede Wohnung ist nicht nur »home«, sondern »castle« und wird daher vom bürgerlichen Gesetzbuch vor dem Eindringen anderer geschützt.

Das Gesetz schützt die, die Wohnungen haben, nicht die, die keine haben. Im Gegenteil: Das Gesetz schützt vor jenen, die keine haben, vor den Obdachlosen, Hausbesetzern, Landstreichern, Nichtsesshaften, Pennern, Berbern, Chaoten – und wie sie alle genannt werden.

Ursachen von Obdachlosigkeit

Es werden oft *negative* Gründe für die Obdachlosigkeit genannt: Mängel im Verteilungssystem, Defizite in der Lebensentwicklung der obdachlos gewordenen Personen, Fehlentscheidungen in der Politik. Ich bin demgegenüber überzeugt, dass die Hauptursache der Obdachlosigkeit etwas *Positives* ist: die Fortentwicklung der bürgerlichen Gesellschaft.

1.
Meist werden Ursachen der Obdachlosigkeit *biografisch* gefasst. Es wird dann der »klassische« Lebenslauf eines Obdachlosen geschildert, der an entscheidenden Punkten Brüche und Mängel aufweist. Die einzelnen Stationen sind: Ablehnung innerhalb der Familie, Trennung von Elternhaus (Rausschmiss), Abbruch einer Ausbildung, Verlust eines Partners oder einer Partnerin, Verlust der Arbeit, Verlust der Wohnung, Alkohol, Drogen, Kriminalität, Krankheit, Tod.

Je nach Standort wird eine solche Biografie unter dem Gesichtspunkt »selber schuld« oder »andere haben Schuld« verhandelt. »Hättest du auf die Eltern gehört! Wärst du deiner Partnerin treu geblieben! Hättest du dich rechtzeitig um Übernahme der Mietschulden bemüht! – dann würdest du nicht so viel saufen, – dann wärst du nicht obdachlos! – also bist du selber schuld!« Die umgekehrte Leier lautet: »Hätte meine Mutter mich nicht rausgeschmissen! Wären die Lehrer nicht so doof gewesen! Hätte ich werden dürfen, was ich wollte! Wäre meine Firma nicht Pleite gegangen! Hätte ich Arbeit gefunden! Wäre meine Partnerin nicht von mir weggegangen! Hätte das Amt die Mietsteigerung durch erhöhtes Wohngeld aufgefangen! Würde der Staat mehr Wohnungen bauen! – dann säße ich jetzt nicht auf der Straße!«

Die Gründe für das Obdachloswerden werden beide Male in Fehlern und Defiziten gesucht.

2.
Wer *psychologisch* vorgeht, sucht als Ursache für spätere Obdachlosigkeit bestimmte, in früher Kindheit erworbene Reaktionsmuster.

Von zwei Brüdern der gleichen Familie wird der eine ein erfolgreicher Geschäftsmann, der andere obdachlos. Ersterer hat gelernt, hart im Nehmen und Geben zu werden, hat Durchsetzungsvermögen und gibt nicht beim ersten Fehlschlag auf.

Er hat eine Vaterfigur zum Vorbild, die entweder alles »Sich-gehen-lassen« abgelehnt oder aber in Grenzen kalkuliert zulässt. Er versucht »Herr der Lage« zu sein: ein Junge, der nicht weint.

Eine innere Tendenz zum Obdachloswerden hat der andere Bruder, der im Fall einer Schwierigkeit Schutz bei der Mutter sucht, der den andauernden Zuspruch und die Fürsorge seitens der Mutter für das eigene Wohlbefinden braucht, der Aggressionen nicht nach außen, sondern nach innen ableitet, der zuweilen in Gefühl, in Tränen und Selbstmitleid zerfließen möchte: ein Junge, der »Muttersohn« geblieben ist.

Ein solcher Mensch steht in dem Augenblick, wo er die Mutter (zum Beispiel durch Tod) oder die Partnerin verliert (zum Beispiel durch Scheidung) in Gefahr, die »Härte der Welt« nicht mehr zu verkraften und obdachlos zu werden.

Die Ursache für seinen »Abstieg« wird bei dieser Betrachtungsweise ebenfalls in einem Mangel gesehen: falsche Erziehung, Verwöhnung, Verzärtelung, zu große Gefühlsbetontheit. Die entsprechenden Ratschläge an ihn, die ein »Wieder-auf-die-Beine-kommen« bewirken sollen, lauten: »Reiß dich zusammen! Jammere nicht, tu lieber etwas! Wehre dich gegen die Kündigung! Fordere deine Rechte an! Werde selbstbewusst! Sei ein Mann!« (als wäre ein solcher Mensch kein Mann – oftmals sogar ein besonders liebenswerter!).

3.

Eine dritte Ebene, auf der Gründe für Obdachlosigkeit festgemacht werden, ist die *politische*: Unterlassungen und Fehlentscheidungen der politischen Organe tragen mit zur Obdachlosigkeit bei.

Gerne wird als Grund der Obdachloskeit und des Wohnraummangels die Zunahme von Umsiedlern, Flüchtigen und Asylbewerbern angesehen. Ihr Kommen bedeutet meines Erachtens eine vorübergehende Beanspruchung des vorhandenen Wohnraumes, ist aber keineswegs die Hauptursache, zumal die genannten Personengruppen in minderwertigem Wohnraum untergebracht werden.

Oft werden auch Staat und Behörden angegriffen und für die Wohnungsmisere verantwortlich gemacht. Zahlreiche Entscheidungen der Regierungen werden kritisch hinterfragt:

- die Lockerung der Sozialbindung von Eigentum;
- die Einführung der Kostenmiete im sozialen Wohnungsbau;
- die Kapital-Abhängigkeit des sozialen Wohnungsbaus;
- die Privilegierung des Baus von Eigentumswohnungen;
- die Aufhebung der Mietpreisbindung;
- die Aufweichung des Kündigungsschutzes;
- der weit gehende Rückzug aus dem sozialen Wohnungsbau;
- die Verteuerung der Grundstückspreise;
- die Untätigkeit des Gesetzgebers, der es zulässt, dass durch Umwandlung von Ackerland in Bauland der Besitzer des Ackerlandes den Gewinn einsteckt, die Kommune aber für die Erschließung und Folgekosten aufkommen muss.

Ich bestreite nicht, dass mit dieser – unvollständigen – Aufzählung, Ursachen der gegenwärtigen Wohnungsmisere benannt werden. Ich bestreite auch nicht, dass jede einzelne der zuletzt genannten Entscheidungen problematisch ist und kritisch hinterfragt werden muss. Ich denke aber, dass damit die Hauptverursacher von Obdachlosigkeit noch nicht im Blick sind. Die genannten (beziehungsweise die unterlassenen) Maßnahmen haben die Problematik nicht verursacht. Gegenmaßnahmen auf dieser Ebene werden daher auch keine Abhilfe schaffen, was nicht dagegen spricht, dass sie getroffen werden sollten. Ohne sie nehmen Wohnungsnot und Obdachlosigkeit noch schneller zu.

Viel zu lange haben die politisch Verantwortlichen nicht wahrhaben wollen, dass jede prophylaktische Maßnahme, dass jede im Vorfeld der Obdachlosigkeit ausgegebene Mark eine Einsparung hoher Summen bedeutet, die aufgebracht werden müssen, wenn Menschen erst einmal obdachlos gewordenen sind. Wie oft habe ich erlebt, dass Obdachlose Politikern folgendes Missverhältnis vorrechneten: »Meine Wohnung kostete 300,- DM im Monat. Das Sozialamt übernahm die Miete und Mietschulden nicht. Jetzt aber zahlt dasselbe Amt täglich für einen Bettplatz in einer Pension 30,- DM. Also: 30,- DM x 30 Tage = 900,- DM: das Dreifache!«

Die gleiche Rechnung gilt im Krankheitsfall. Da die Krankheiten der Menschen, die auf der Straße leben, nicht rechtzeitig behandelt werden, werden diese Personen erst in einem Zustand in die Krankenhäuser eingeliefert, der die Behandlungskosten immens vergrößert.

Das Gleiche gilt für die fehlende Beschäftigung von Jugendlichen und Arbeitslosen. Es ist heller Wahnsinn, wie viel Mittel der Staat für straffällig gewordene Obdachlose ausgibt (Polizei-, Prozess-, und Haftkosten), statt Mittel für Projekte bereitzustellen, die arbeits- und obdachlosen Menschen Möglichkeiten der Selbsterhaltung bieten.

In Berlin wurde von politischer Seite Obdachlosigkeit lange Zeit lediglich als ein Problem mangelnder Unterbringung betrachtet. Daher war keine gemeinsame politische Willensbildung der mit Obdachlosigkeit befassten Behörden erforderlich, sondern es reichte der Hinweis, dass allen Obdachlosen, die sich bei den Sozialämtern melden, gesetzmäßig die Versorgung mit einem Bettplatz zusteht und genügend Bettplätze (Pensionen) bereit stehen. Auf diese Weise wird als Ursache von Obdachlosigkeit auf einen Mangel bei den betroffenen

Obdachlosen hingewiesen: Sie machen von ihren im Bundessozialhilfegesetz (BSHG) verbrieften Rechten nicht Gebrauch! Da aber dem Gesetz nach allen Obdachlosen ein Schlafplatz zusteht, fehlt es nur an Information seitens der Sozialbehörden und an Bereitschaft der Obdachlosen, die Angebote des Staates zu akzeptieren. Dies ist ein oft gebrauchtes Argument, in Wahrheit aber eine Weigerung, das wirkliche Problem sehen zu wollen.

4.

Ich bin der Meinung, dass die Hauptursache von Obdachlosigkeit nicht in zunehmenden Mängeln und Fehlleistungen, sondern in einem *gesellschaftlichem* Optimierungsprozess liegt. Nicht etwas Negatives oder etwas Fehlendes ist die Ursache der Obdachlosigkeit, sondern etwas *Positives*, Vorhandenes.

Um das zu erklären, sei eine einfache Überlegung vorangeschickt. 1950 lebten in den Bezirken West-Berlins 2,15 Millionen Menschen. Bis zum Jahr 1982 sank ihre Zahl auf 1,85 Millionen, also 300 000 Einwohnerinnen und Einwohner weniger. Die Zahl der Wohnungen hat in diesen Jahren dagegen zugenommen. Der Wiederaufbau kriegszerstörter Häuser sowie der Neubau ganzer »Städte« wie des Märkische Viertels und der Gropiusstadt mit Wohnungen für je 50 000 Menschen, aber auch zahlreichen Siedlungen und Einzelbauten haben das Wohnungsangebot immens vergrößert. Trotzdem entstand ein Mangel an Wohnraum.

An dieser Stelle kommt meines Erachtens der entscheidende Grund gegenwärtiger Wohnungslosigkeit zum Vorschein. Die Vergrößerung des Wohnraumangebots geschieht rascher als die der Bevölkerungszahl – und doch fehlt Wohnraum. Erst die Klärung dieses scheinbaren Widerspruchs macht die positiven Ursachen der Obdachlosigkeit deutlich.

Der wahre Grund der Obdachlosigkeit liegt in der Zunahme des Wohnstandards jedes einzelnen Bürgers. Grund für die

Obdachlosigkeit sind nicht die Nichtwohnenden, sondern die Wohnenden.

- Immer mehr Menschen beanspruchen mehr Wohnraum. Grund dafür ist die zunehmende *Individualisierung* von Menschen. Längst teilen sich nicht mehrere Personen ein Zimmer, sondern jede Person braucht ein eigenes Zimmer, möglichst sogar ein eigenes Wohn- und Schlafzimmer. Junge Menschen verlassen früh die elterliche Wohnung. Jede Scheidung verdoppelt den Wohnungsbedarf.
- Immer mehr Menschen benötigen *qualifizierten* Wohnraum, um existieren zu können. Die Gänseliesel im Märchen brauchte lediglich ein Rute als Arbeitsmaterial und der Cottbusser Schuhputzer einen Kasten mit Schuhcreme und Bürsten. Um heute auf dem Arbeitsmarkt konkurrenzfähig zu sein, braucht ein Mensch eine ausgestattete Wohnung. Wer in einer Wohnung lebt, vergrößert ständig den beanspruchten Raum. Der Platz für Maschinen, elektrisches Gerät, Arbeitsmaterialien, Dateien usw. kommt hinzu. Insbesondere müssen Küche und Bad qualifiziert werden. Das heißt, jeder Bürger und jede Bürgerin brauchen mehr Quadratmeter Wohnfläche als noch 1950.
- Immer mehr *Wohnraum wird in Arbeitsraum* umgewandelt. Zum Beispiel konnte in früheren Zeiten ein Arzt ein Zimmer seiner Wohnung zum Behandlungsraum und ein anderes zum Warteraum machen und in seiner Wohnung praktizieren. Inzwischen ist die gesamte Wohnung zur Praxis geworden und steht voller notwendiger Geräte zur Erkennung und Behandlung der Krankheiten.
- Immer mehr *Wohnraum wird zum Freizeitraum.* Diverse Geräte sorgen für Unterhaltung, Sport, Fitness und

Wohlbehagen. Der Raum, den ein allgemeines Stadtbad einnimmt, benötigt einen Bruchteil von dem Raum, den die vielen privaten Bäder und Saunen einnehmen. Viele Wohnzimmer älterer Menschen haben zwei Schichten von Möbeln: Im Hintergrund stehen die guten Buffets, Schrankwände und Bücherschränke der Nachkriegszeit, davor Fernseher, Video, Computer und Aufbewahrungsboxen für die entsprechende Software. Der Raum wächst durch Möblierung zu.

- Die Beanspruchung von Raum hört an der Wohnungstür nicht auf. Jeder Bürger mietet und beansprucht auch *Außenräume*, die er zeitweilig in Anspruch nimmt: Parkraum, Zweitwohnung, Restaurant, Klub-, Kultur-, Freizeit- und Urlaubseinrichtungen. Noch bis in das 20. Jahrhundert hinein ging in die Kneipe, wessen Wohnung zu *voll* von Menschen war. Inzwischen geht in die Kneipe, wessen Wohnung zu *leer* ist.

- Wohnen ist im Laufe der Zeit zugleich immer anstrengender geworden. Die Mühen, eine Wohnung zu ergattern, aber auch die Anstrengungen, eine Wohnung zu behalten, zu verteidigen und dauerhaft zu mieten, sind gewachsen. Die zunehmende Lebensqualität geht Hand in Hand mit einer zunehmenden seelischen Belastung. Die Wohnung ist zum Ort ständiger Beanspruchung geworden. Anträge, Rechnungen, Reparaturen, häusliche Auseinandersetzungen, Kämpfe (zum Beispiel um die Miet- und Abgabenhöhe), am Ende gar gerichtliche Verhandlungen machen das »Haben« einer Wohnung zu Last. Bei Exmittierungen ist oft festzustellen, dass der Mieter oder die Mieterin den Belastungen nicht gewachsen war. Wie viele solide Bürger würden die Briefe ihrer Hausverwaltungen nicht auch am liebsten ungeöffnet zur Seite legen?

– Anfangs wurde schon ausgeführt, dass Wohnungen »Sammlungen des Ichs« sind. Der Mensch sammelt und konzentriert sich, indem er Sammlungen anlegt. Eine Wohnung ist der Raum für Zukunftswirtschaft. Eine Wohnung ist ein Mittel gegen die Zerstreuung. Daher nimmt in jeder Wohnung der *Schrankraum* zu. Jeder Mensch hat zunehmend mehr Sachen. Um sie unterzubringen, braucht er mehr Raum. Mögen die Schränke auch nur wenige Zentimeter Wohnfläche in Anspruch nehmen – die Zentimeterzahl wird tendenziell von *jedem* Bürger beansprucht. In einer Wohnung werden immer mehr Sachen und immer weniger Personen untergebracht.

Der wahre Grund von Obdachlosigkeit ist die Zunahme der bürgerlichen Lebensqualität. Denn der Raum, der für diese qualitativ positive Entwicklung unseres Lebens gebraucht wird, ist größer als der Raum, der im Laufe der letzten Jahrzehnte für das Wohnen neu errichtet wurde. Die Schere zwischen dem Bedarf aller Bürger und dem vorhandenem Wohnraum öffnet sich.

Außerdem haben staatliche Maßnahmen (s.o.) diesen Prozess beschleunigt. Getroffen von Wohnungslosigkeit werden dann diejenigen Menschen, die im Kampf um individuellen Wohnraum die schlechtesten Bedingungen haben, sodass es so aussieht, als läge es an ihnen, wenn sie obdachlos werden.

5.

Der Verursacher von Obdachlosigkeit ist daher meines Erachtens der Normalbürger. Er weiß nichts davon, hält sich für »unschuldig«, aber mit jeder Errungenschaft, jeder neuen Lebensqualität (nicht etwa erst mit jeder Zweitwohnung) nimmt er von dem vorhandenen Wohnraum und drängt die finanziell Schwächeren heraus – auf die Straße. Dort werden sie vernichtet.

Obdachlosigkeit ist *Vernichtung* von Menschen, durch Ausgrenzung und frühen Tod. Das ist nicht zu vergleichen mit den Machenschaften im »Dritten Reich«, als die Obdachlosen entweder als Hilfsarbeiter in »Volkswohnungen« eingewiesen und bei der Rüstungsindustrie eingesetzt, als »Wanderer« über ihr Wanderbuch kontrolliert und zu Ernteeinsätzen abkommandiert oder aber als »Zwangsarbeiter« interniert oder zusammen mit den so genannten Zigeunern etwa nach Buchwald transportiert und dort umgebracht wurden. In unserem Staat ist es anders. Dem Gesetz nach ist für jeden Obdachlosen gesorgt. Jedem steht Sozialhilfe und medizinische Versorgung zu.

Nur die Wirklichkeit ist anders, weil die Schwellen vor den staatlichen Hilfsangeboten so hoch sind, dass sie von vielen Obdachlosen ohne Hilfe nicht überwunden werden können. Obdachlose sind oft nicht mehr imstande, Termine wahrzunehmen zu können, pünktlich zu sein, Formulare auszufüllen, richtig zu schreiben, sich gegen Beleidigungen zu wehren. Wie soll ein Mensch am nächsten Tag pünktlich auf dem Amt sein, der vorher nicht weiß, in welchem S-Bahnabteil er schlafen oder herausgejagt werden wird?

Auf der anderen Seite sind viele der Angestellten auf den Ämtern überlastet und wissen, dass das, was Obdachlosen fehlt, nicht ein Obdach, sondern eine Wohnung ist, und dass, da Wohnungen nicht ausreichend vorhanden sind, das Amt sie mit Ersatzleistungen abspeisen muss. Das Wort »Obdachloser« ist schon eine Verniedlichung. Es handelt sich um Wohnungslose.

Hinzu kommt, dass jeder Mensch seine Würde und Freiheit verliert, der, um leben zu können, dauernd auf die Hilfe von karitativen und kommunalen Behörden angewiesen bleibt. Statt einer bezahlbaren Wohnung bekommt er Wohngeld oder Obdach; statt Arbeit: Stütze; statt Anerkennung seiner eigenen Fähigkeiten: Hilfe durch Sozialarbeiter und Sozialarbeiterinnen; statt Lohn: Arbeitslosengeld. Alle in diesem

Bereich Tätigen kennen das Problem des hilflosen Helfers. Sozialhilfe führt oft tiefer ins Elend, da sie die Hilfeempfänger demütigt, abhängig und untätig macht. Was die Obdachlosen, die ich kennen gelernt habe ebenso dringend brauchten wie Geld, waren Worte und ein ein offenes Ohr, war die Bereitschaft, sie nicht nur als Hilfsempfänger zu betrachten, waren Geist und Solidarität.

Was kann getan werden?

Bleiben also zwei Fragen: Wie kann das Problem (langfristig) gelöst werden? Was ist zugleich (kurzfristig) zu tun?

Wenn meine Annahme richtig ist, dass die Ursache der Obdachlosigkeit im erweiterten Raumbedarf des Normalbürgers liegt, scheidet jede Lösung des Problems aus, die die Ursachen beseitigt.

Die abendländische Vernunft ist darauf getrimmt, wenn ein »Defekt« entsteht, die »Ursache« des »Defektes« zu suchen und die »Ursache« zu beseitigen, um den »Schaden« zu beheben. Im Falle der Obdachlosigkeit gerät sie in einen Selbstwiderspruch, denn hier ist das Zu-sich-selbst-kommen der Vernunft selber die Ursache: Ihre Konzentration, die »Sammlung« des Geistes, der seine Ruhe, Abgeschlossenheit, Sicherheit, aber auch seine Nebenräume braucht, seine Bücher, Akten und Karteischränke, seine Dokumente und seine technischen Sammlungen. Was ist ein Arzt ohne Labor? Was ist ein Physiker ohne Institut? Was eine Hausfrau ohne Kühlschrank?

Die Vernunft des bürgerlichen, freien, autonomen Ichs ist es, die fortwährend mehr Raum beansprucht. Es gibt auch eine theoretische Sucht. Wir nennen sie Erkenntnis. Diese Sucht, dies Streben nach immer mehr Licht, Wissen, Durchsicht, Weltbeherrschung, Machtkonzentration, Zeitgewinn (zurück und voran) – sie macht das Selbstbewusstsein des bürgerlichen Ichs aus und hat zugleich eine zerstörerische Seite. Kein Mensch, der einen Obdachlosen betteln sieht, kommt auf die Idee, er selber, der schwer arbeitende Bürger, könnte die Ursache für das Betteln sein.

Da es so ist, da die Vernunft sich selbst als Ursprung des »Unvernünftigen«, der Zerstörung von Menschenleben, erkennen müsste, aber nicht erkennen will, und daher nicht erkennen kann, bleibt der Grund unerkannt. Also gibt es auch keine Hilfe. Es gibt Scheinhilfen, Ersatzhandlungen, Sozialgesetzgebung, Almosen – aber es gibt nicht mehr Wohnraum, sondern immer weniger.

Wer darüber hinaus umweltbewusst gegen das Ausufern der Städte eintritt, gegen die Zerstörung des Landes durch den Beton der Neubausiedlungen, tut etwas sehr Sinnvolles: Er verteidigt unsere natürlichen Ressourcen – und nimmt doch zugleich in Kauf: die Verknappung des Baulandes, die Verteuerung des Baulandes, die Verteuerung des Wohnungsbaus, die Verdrängung von immer mehr Menschen auf die Straße und in die Slums, da nur die Finanzstärkeren den knappen Wohnraum mieten können.

Es ist ein im derzeitigen System nicht auflösbarer Widerspruch. Langfristig bietet unser kulturelles und wirtschaftliches System den Obdachlosen keine Chance. Es ist also zu erwarten, dass Obdachlosigkeit und Armut in dem Maße zunehmen werden, wie der Wohlstand zunimmt. Die Gesellschaft entwickelt sich zur Zwei-Drittel-Gesellschaft.

Dennoch, glaube ich, ist weiterhin Hilfe sinnvoll und notwendig, denn alle Hilfeleistungen des Staates, alle soziale Gesetzgebung und alle Tätigkeiten der Verbände verzögern den Prozess der Zunahme von Armut. Trotzdem ist Hilfe nur das eine. Das andere ist, dass wir die Obdachlosen begleiten. Dass wir die zum Sterben ausgestoßenen Menschen ebenso behandeln wie Krebskranke. Bei ihnen zu sein, ihnen zuzuhören, sie anzusprechen (ohne ihnen zu sagen: du musst dies tun und jenes, um vielleicht wieder etwas zu werden), Leid und Freude mit ihnen zu teilen, das ist unsere Aufgabe. Damit spreche ich von uns, den Verursachern, die wir nicht alles Hab und Gut verkaufen und ebenfalls arm werden möchten. Keine Verklärung der Armut! Auch keine Verklärung der freiwilligen Armut!

Was verändern wir durch das Begleiten von Obdachlosen? Ich denke, nur uns sebst. Wir können keinen Wohnraum für sie beschaffen. Ich bemühe mich zwar immer wieder, klar! Aber faktisch gelingt es nicht; der Wohnungsmarkt ist längst ein Markt der Reichen. Wir können sie auch nicht in unsere Einzelwohnungen aufnehmen (weil der unmittelbare Widerspruch von Verursacher und Obdachlosen regelmäßig zu Bruch und völliger Abschottung führt: der Obdachlose »stiehlt«; die Haltung des Bürgers, der so voller Güte war, schlägt ins Gegenteil um: »Nie wieder! Ich hab's probiert, es geht nicht!«). Alles, was neu wird, ist, dass wir (die wir eine Wohnung haben und vieles mehr noch haben, was wir vor dem Zerstreutwerden bewahren) uns verändern und verändert werden. Die Veränderung in Sachen Obdachlosigkeit geschieht auf Seiten der Nicht-Obdachlosen. Diese Veränderung ist die praktische Seite des oben angedeuteten Veränderungsprozesses der humanistischen Vernunft. Wir können uns nicht sicher sein, zu welchem Drittel der Wohlstandgesellschaft der Zukunft wir gehören werden. Wir müssen bei den Obdachlosen bleiben – nicht aus Mildtätigkeit und aus Mitleid, sondern um unserer Zukunft willen.

Die Spinne auf der Haut

Phänomenologie der Obdachlosenszene

1.
Das Leben auf der Straße und in der Szene der Obdachlosigkeit wird gewöhnlich unter zwei Gesichtspunkten dargestellt. Es werden die *Probleme* der Menschen geschildert, die auf der Straße oder in Abrisshäusern, Wagenburgen oder Notunterkünften leben; und es werden anschließend Überlegungen angestellt, wie solchen Menschen zu helfen sei. Forderungen an Staat und karitative Institutionen werden formuliert. Es wird Kritik am allgemeinen Pensionsunwesen und der damit verbundenen Verschleuderung von Steuermitteln erhoben, und es werden konkrete *Vorschläge zur Abhilfe* dringender Notstände gemacht. Es gibt ferner außer der Beschreibung der Situation und den Überlegungen zur Abhilfe von Missständen noch einen dritten Gesichtspunkt, der seltener eine Rolle spielt: Es wird nach den *Ursachen* von Wohnungslosigkeit und Obdachlosigkeit gefragt. Meistens geschieht dies unter dem Gesichtspunkt, dass Wohnen ein Menschenrecht sein muss und dass es möglicherweise besser gelingt, der Obdachlosigkeit Einhalt zu bieten, wenn man ihre Ursachen kennt.

2.
Solche Darstellungen der sozialen Situation und solche Berichte über die Obdachlosenszene werden meistens von Außenstehenden gegeben, seien es Sympathisanten oder Kritiker. Es wird dabei versucht, das Phänomen »Obdachlosenszene« mit Begriffen der Tradition, der Universitäten und der bür-

gerlichen Lebensvorstellung zu analysieren und zu begreifen. Kaum jemandem fällt dabei auf, dass es bei diesem Vorgehen fast immer unterbleibt, die Ausdrucksformen der Szene selber zu beachten. Die Symbole, Zeichen, Äußerungen, Gepflogenheiten und Riten der Obdachlosen bleiben unbedacht.

Auch ich bin Außenstehender, Bürger, Beobachter, Sympathisant, Helfer, vom Elend auf der Straße Beeindruckter. Auch ich fühle mich zum Handeln gedrängt. Aber ich denke, es ist nötig, zugleich die »Schrift der Szene« zu lesen oder zu entziffern, die ja gerade in Richtung der Bürger vorgezeigt wird. Es ist nötig, die Äußerungen derer ernst zu nehmen, die aus dem normalen bürgerlichen Dasein ausgegrenzt wurden oder sich bewusst ausgegrenzt haben.

Ich möchte daher *Phänomene* beschreiben, die mir bei dem Versuch, mit Obdachlosen zu leben, aufgefallen sind. Es sind Phänomene wie Haartracht, Schmuck, Tätowierung, Kleidung, aber auch Verhaltensweisen wie die Einbeziehung von Tieren. Ich bemühe mich dabei um eine Beschreibung ohne den absichtsvollen Zweck der Veränderung oder Verbesserung. Es werden die Dinge und Zeichen der Szene ernst genommen, indem sie ruhig betrachtet werden – wie etwa geschlechtliche Beziehungen von Menschen und Tieren. Nicht Entrüstung oder Kritik über das Erkannte, nicht Empörung oder Verbot soll die darauf folgende Reaktion sein, sondern ein Sich-Erinnern, ob es in meiner Tradition Ähnliches gegeben hat. Die Phänomene werden nicht moralisch qualifiziert oder abqualifiziert, sondern geschichtlich eingeordnet.

Nach dem Rückblick in die Geschichte zeigen sich die Phänomene regelmäßig in einem neuen Licht. Es kehrt sich das Verhältnis von Ansprechen und Hören um. Nicht ich, der Bürger mit meiner geordneten Lebensweise, habe den obdachlos Gewordenen etwas zu sagen, sondern ich fange an zu hören, was mir aus ihrem Bereich gesagt wird. Mag sein, dass sich daraus ein Gespräch ergibt.

Haar

Zu den auffälligsten Merkmalen der Menschen in der Szene gehört ihre ungewöhnliche Haartracht. Die Haare werden entweder intensiv bearbeitet (mindestens ebenso intensiv wie in einen bürgerlichen Friseursalon) oder aber vernachlässigt. Über das Haar wird – wie zu allen Zeiten – die Zugehörigkeit zu einer bestimmten Gruppe angezeigt.

Das Haar wird gespreizt, vergrößert, toupiert, mit Zusätzen, Bändern, Schnüren, Ketten versehen, gestylt, sodass es den Kopf wie einen Heiligenschein umgibt. Es erscheint wie das imponierende Rad eines Pfaus. Offenbar soll es beeindrucken, betören, einschüchtern, aus dem Träger oder der Trägerin mehr machen, als sie sind – wie jede Dauerwelle auch.

Eine andere Form des Umgangs ist, dass das Haar gerade nicht bearbeitet, sondern gelassen wird, wie es ist und wie es wird. Oftmals ist es für Obdachlose schwer, an eine Dusche oder Badewanne heranzukommen. Dann wird aus der Not ein Stil: Haar wird lang getragen, in Flechten und Zöpfen, allmählich verfilzend. Es gibt sogar einen Zustand, in dem jede eigene »Beanspruchung« und Bearbeitung des Haars endet – es wird den Läusen überlassen.

Dagegen ist die Opferung des Haares (kahler, rasierter Schädel) gewöhnlich mit der Opferung des autonomen Willens und dem Eintritt in eine hierarchisch-autoritäre Gruppe verbunden. Ein kahler Schädel, so meilenweit er von der mittelalterlichen Tonsur (der Haartracht der Mönche und Kleriker) entfernt ist, hat eines mit ihr gleich: Der Träger hat sich selbst ganz »einem Herrn untergeordnet«. Der kahle Schädel zeigt es an. Unbearbeitetes, lang gewachsenes oder zu Zöpfen geflochtenes Haar dagegen erinnert mich an Menschen, die in lange zurückliegenden Zeiten ebenfalls ihr Haar nicht schneiden oder binden lassen wollten. Es waren Menschen voll von

Kraft, Liebe, Energie und Kritik: Propheten, Druiden, »ungezähmte« Frauen des Mittelalters: »Ich will mein Haar nit binden«, sangen sie, »ich will es hangen lan, ich will noch diesen Sommer lang fröhlich zum Tanze gan.«

Auffällig ist, dass in der Szene die Frisuren und ihre Farben häufig wechseln. Die bürgerliche Frau, die sich eine Dauerwelle machen lässt, möchte, dass ihre Frisur möglichst lange erhalten bleibt. Sie würde sie am liebsten ein für alle Mal haben: dauernd, dauernde Welle. Anders ist es in der Szene. Da wird ständig variiert, und es entsteht ein besonderes, oft libidinöses Verhältnis zu den jeweiligen Haarkünstlern, denen man sich anvertraut. Derjenige, der einem Punk den Kopfputz und damit Ansehen bereitet – also derjenige, der einen neuen »Kopfaufsatz« verpasst–, ähnelt demjenigen, der einem Bürger einen neuen Hut und damit neues Ansehen verleiht – also (ich nehme einmal als Beispiel den universitären Bereich) dem Doktorvater, der dem Promovierten den Doktorhut verpasst. Beide Mal geht es um das, was »auf dem Kopf« ist. Beide Male gibt es Achtung und Ehre. Beide Male zeigt das, was auf dem Kopf ist, an, in welchen Kreis der oder die Betreffende gehören. Doch im Unterschied zum Doktorhut und zur Dauerwelle, die möglichst beständig auf einem Haupt bleiben sollen, wird der Kopfputz des Punks oftmals variiert. Farbe und Form der Haare wechseln.

Denkt man zurück an den Kopfputz von Pharaonen und Königen, kann gesagt werden: Mit dem, was auf dem Kopf ist, wird in mythischer und geschichtlicher Zeit die Beziehung zu einer Gottheit ausgedrückt. Symbole von Gottheiten sind die ältesten Hüte und Frisuren.

Daher gilt: Ein Mensch, der eine Dauerwelle oder einen Doktorhut trägt, zeigt an, dass er sich einer beständigen, dauernden Macht oder Gottheit unterordnet namens: ewige Werte, absolute Vernunft, bleibende Ordnung, freiheitlich demokratische Grundordnung. Die Gottheit des Punks dagegen ist nicht ewig und beständig, sondern wechselhaft. Er zeigt mit seiner Frisur an, dass er nicht nach dem strebt, was ewig währt, sondern dass er sich der Gottheit der Variation und des Augenblicks zurechnet. Ihr Symbol trägt er auf dem Kopf.

Wie erwähnt, gehören nicht alle Obdachlosen zu dieser Sorte Haarkünstler. Viele bemühen sich durchaus um einen bürgerlichen Haarschnitt. Sie möchten angepasst aussehen. Sie haben das Bewusstsein der Zugehörigkeit zu den Menschen, die ihr Haar auf ein mittleres Maß bringen, es sozusagen »halblang« schneiden und maßvoll frisieren lassen. Gerade nicht aufzufallen, ist ihr Wunsch; sie möchten in die Welt zurückkehren, aus der sie ausgegrenzt wurden. Sie tragen oftmals Kopfbedeckungen, die verbergen sollen, dass das Haar nicht ordentlich genug ist.

Vier Haartrachten – bunte Punkfrisuren, glatt rasierte Schädel, ungeschnittenes und verfilztes Haar, normaler Haarschnitt: Jeder Kopf in der Szene spricht, ohne ein Wort zu sagen. Man muss nur die Sprache der Dinge in die Sprache der Worte übersetzen.

Schmuck

Eins der interessantesten Phänomene der Szene ist der Schmuck der Menschen. Es ist erstaunlich, wie reich und oftmals auch wie schön insbesondere junge Obdachlose geschmückt sind.

Neulich sah ich im Cafébauwagen des Kinderzirkus Treptow eine junge Frau. Ihr Haar war grün. Um den Hals trug sie ein handbreites Eisengitter und um die Fußgelenke Lederbänder mit Eisennoppen. Auf die Arme hatte sie viele Armreifen geschoben. Alle Finger waren beringt. An Hals und Brust hing das meiste Eisen: zwei Mercedes-Sterne, ein Vorhängeschloss, ein Totenkopf, mehrere Ringe und Metallscheiben und Steine

– alles an eisernen Ketten. Auf Aufforderung ihres Freundes streifte sie ihr T-Shirt von der Schulter und zog eine weiße Ratte mit langem Schwanz aus der Achselhöhle. Das war der Schlafplatz des Tieres.

Zunächst will ich auf den Schmuck eingehen.

Schmuck steht am Beginn der menschlichen Kultur. Unter den sechstausend Jahre alten Menhiren in der Bretagne fanden sich Töpferscherben, Ohrringe und Perlen von Halsketten. Das Tragen von Schmuck hat fast immer eine kulturelle und religiöse Bedeutung, bis heute.

Verblüffend ist, *wo* der Schmuck in der Szene getragen wird: Nicht nur an Hand, Hals, Ohr und auf der Brust, sondern auch in Nase, Wange, Lippen, an Bauch und Fußgelenken. Alle Finger einer Hand sind oft von Ringen besetzt. Auffallend ist auch, dass gerne wertlose Metalle und Materialien getragen werden, sowie Anti-Schmuck: Sicherheitsnadeln, Nägel, verletzende Dinge. Solche Dinge am Körper wirken erschreckend auf Menschen, die gewohnt sind, sich mit Gold und Silber zu schmücken, und für die Schmuck keinerlei inhaltliche Bedeutung mehr hat, außer der eines Beitrags zur Verzierung des Körpers. Wo der Sinn des Schmucks dem Träger und der Trägerin nicht mehr bekannt ist, wird Schmuck als bloßes Accessoire, als beiläufige Zutat, als »Modeschmuck« angesehen. Aber ich bin überzeugt, kein Schmuck ist zufällig! Schmuckgegenstände sind »Sprache«, die vor-sprachlich ist. Aller Schmuck – auch der bürgerliche – hat Formen, Gestalten und Orte, die auf magische, mythische oder religiöse Zusammenhänge hindeuten.

Ein Beispiel: Ohrringe sind ursprünglich lebende Ringe, Schlangen, Abbilder einer Gottheit, die das Ohr besetzt, beschwert, nach unten zieht und schließt. Der Mensch soll nur noch auf die Gottheit hören, deren Symbol oder Abbild er am Ohr trägt. Das ist im Mittelmeerraum in der Zeit bis 1200 v. Chr. vielfach die Schlange oder auch der Mond. Das Ohr wird

»schwer« gemacht, »verstockt«, wie es in der Bibel heißt (Jesaja 6,10; Sacharja 7,11). Vor der Magie, vor der Zauberei und ihren Sprüchen wird es verschlossen (Psalm 58,6).

In der darauf folgenden Phase (um 700 v. Chr.) heißt es: Reißt ab eure Ohrringe! (1. Mose 35,4; Jesaja 3,19) Gott öffnet das Ohr! »Er weckt mich alle Morgen, er weckt mir selbst das Ohr!« (Jesaja 50,4, EG 452,1). Das Hören auf die Schlangengottheit wird abgelöst durch das Hören auf das Wort – auf das »Wort Gottes«, wie es dann später heißt. »Auf's Wort zu hören«, das lernen wir von Kindheit an.

Schmuck am Ohr, viele Ringe am Ohr, Schmuck an den Lippen, am Hals, an der Nase, am Fuß, wo auch immer, kann und muss sorgfältig in seinem historischen Zusammenhang gedeutet werden. Jeder Ort und jedes Symbol hat seine eigenen Bedeutung.

Auffallend in der Szene sind die vielen Tiersymbole, die auf den Schmuckgegenständen erscheinen. Es sind vielfach Tiere, die von der abendländischen Kultur verfemt, verachtet und in den Untergrund verbannt wurden, darunter viele nachtlebende: Spinne, Skorpion, Schlange, Drache, Ratte, Eule, Fledermaus.

Es sind ferner Symbole wie Eisennoppen, die oft zu Hunderten auf Leder geschlagen als Armbänder getragen werden und deren Herkunft auf den ersten Blick überhaupt nicht mehr zu erkennen ist. Noppen sind Energieknoten, oft auf keltischen Kreuzen zu sehen. Später wurden sie zu militärischen Kraft- und Ehrsymbolen. Sie zeigen Macht und Potenz an – schon im Kloster von Iona im 8. Jahrhundert. Warum nicht auch auf den eisenbeschlagenen Lederjacken von Jugendlichen?

Die eisernen Schmuckgegenstände lassen oft ein Heraustreten von Energie nach außen erkennen, oft aber auch das Eindringen von Energie nach innen. Sie wirken aggressiv und ingressiv. Symbole der Selbstverletzung und Selbstverstümmelung wie zum Beispiel Sicherheitsnadeln und Rasierklingen, erinnern mich an christliche Traditionen der Flagellanten, die auf den alten Darstellungen ebenfalls die Werkzeuge ihrer Selbstmarterung zur Schau tragen.

»Schmuck« hat ursprünglich einen doppelten Sinn: Er zeigt die Zugehörigkeit zu bestimmten umfassenden Mächten an (Gottheiten, Clans, Systemen, Verbänden, Vereinen), schreckt aber gleichzeitig auch ab, weist also andere Mächte ab und sagt: »Diese Person ist schon zugehörig, sie hat schon einen Ring am Finger! Sie hat schon ein Tier um den Hals (Nerz, Fuchs)! Sie hat schon einen Hirsch (Hornknopf) am Jackett oder einen Vogel (per Feder) auf den Kopf!«

Der ursprüngliche doppelte Sinn von Schmuck ist in der Szene sehr deutlich. Nieten, Noppen und Nägelbeschläge auf den Lederjacken drücken zum einen ziemlich klar die Zugehörigkeit zu einer bestimmten Gruppe von Menschen aus. Jeder Ring zeigt eine Bindung an, der Ehering auf dem vierten Finger nicht anders als die Ringe auf dem dritten oder welchem auch immer. Der Szeneangehörige deutet an, dass er »unfrei« ist, im Sinne von »ich bin zugehörig«. So, wie mancher Christenmensch mit einem Kreuz auf der Brust mitteilt, dass er zum auferstandenen Christus gehört, so zeigt der Szeneangehörige an, dass sein Körper »besetzt« ist, »beschwert«, »in Beschlag genommen«.

Das »in Beschlag« kann durchaus wörtlich genommen werden, denn zum anderen haben die Schmuckgegenstände eine schützende, abschreckende, »apotrophäische« Wirkung. Der Mensch erscheint nicht »offen«, sondern »bewehrt«, nicht nackt und bloß, sondern in »Tracht«. Der Szeneangehörige schützt sich mit Eisenschmuck. Er hat bürgerliche Ausdrucksformen offenbar nur als Schlagworte kennen gelernt, als Sprüche und Slogans. Er will mit solcher ihn verletzenden Sprache nichts zu tun haben, greift deshalb auf magische oder mythische Symbole zurück. Er spricht durch seinen Schmuck intensiv – aber es ist nicht mehr logische, verständliche Rede.

Tätowierung

Der Sommer 1994 war sehr heiß. Da zeigten viele Menschen in der Szene Tätowierungen auf der Haut, auf Schultern, Rücken, Armen, Hals, Bauch, Brust, Oberschenkeln und Fesseln oder im Gesicht.

Zu allen Zeiten haben Menschen ihre eigene Haut zur Schrift gemacht, zum Beispiel wenn alles sonstige Reden nichts mehr nützte oder wenn die Sprache intensiver sein sollte als der Ausdruck der Zunge. Immer dann wurde die eigene Haut »zu Markte getragen« und gezeigt. Schrift und Person werden bei der Tätowierung identisch.

In der Überlieferung des Alten Testamentes ist selbst Gott tätowiert. Er hat sich – wie es in Jesaja 49,16 heißt – auf die Hände die Umrisse der Stadt Jerusalem eingeritzt. Er kann die Stadt und ihre Bewohner und Bewohnerinnen unmöglich vergessen. An einer anderen Stelle heißt es: »Gehe mitten durch die Stadt und zeichne ein Kreuz auf die Stirne derer, die seufzen und stöhnen ...« (Ezechiel 9,4).

Betrachtet man aufmerksam die vielen Tätowierungen heute, zeigt sich eine Differenz. Sie haben keineswegs alle den gleichen Charakter. Es gibt eine Sorte von Tätowierungen, die modisch schick erscheint und kunstvolle Muster asiatischer Blumen, Masken und Drachen enthält (wobei der asiatische Drache ein Luftdrache ist, der – wie bei uns, wenn man ihn an der Schnur steigen lässt – positiv konnotiert ist). Auffälliger freilich sind die anderen Tätowierungen, die bewußt satanische Symbole zeigen: Spinnen, Schlangen, Totenköpfe, Fledermäuse (Batman), Skorpione, Erd- und Feuerdrachen. Mehrfach habe ich Obdachlosen in der Wärmestube ihre Tätowierungen erklärt. Dabei sah ich, dass zuweilen Symbole der schwarzen Magie von Symbolen der weißen Magie überdeckt worden waren. Die Haut war dann doppelt tief ein- und ausgebrannt.

Ich denke, dass man das Phänomen »Schrift auf der Haut« zusammen sehen sollte mit »Schrift auf der Kleidung«. Es ist heutzutage üblich, T-Shirts und Pullover zu tragen, die eine Schrift oder ein Emblem auf Brust und Rücken zeigen. Ein Fan trägt gerne das Bild oder den Namen seines Idols auf der Brust. Bürger tun das ebenso in Form von Abzeichen, Orden, Bändern, Gemmen und Broschen. Tätowierungen unterscheiden sich von solcher Schrift auf der Kleidung durch ihren endgültigen, unauslöschbaren oder nur schwer auslöschbaren Charakter.

Damit bin ich bei dem entscheidenden Begriff: unauslöschbarer Charakter der Tätowierungen. Das Wort »Charakter« kommt vom griechischen *charasso*, einritzen, einprägen. »Einritzen« ist in der alten Welt das Wort für »tätowieren«. Derjenige Mensch hat einen Charakter, der eine Prägung erhalten hat, es kann die Einprägung eines göttlichen Symbols sein oder die Einprägung einer erziehenden Institution (Bildung). Er darf sich dann »Kind Gottes« oder auch »gebildeter Charakter« nennen. Er hat den »charakter idelibilis«, wie man früher sagte. In der Kirche wird der Täufling mit dem »Siegel«, das heißt dem Abdruck des göttlichen Zeichens versehen. Charakterlos ist die Kuh, die keinen Stempel hat und niemandem zugehört. Charakter hat also gerade der »abgestempelte« Mensch! Das klingt in unseren Ohren seltsam widersprüchlich, aber der Widerspruch löst sich leicht, wenn man bedenkt, was uns Menschen alles verliehen wird: Orden, Ehrenzeichen, Hüte, Ketten, Urkunden, Ämter. Durch diese Verleihung bekommen Menschen Würde und Ansehen, bekommen einen »Amtscharakter«, werden unter Umständen – wie Rudi Dutschke sagte – zu »Charaktermasken« und können ihres »Amtes walten«.

Sie führen ein eigenes Siegel, können also selbst stempeln, abstempeln, göttliche oder staatliche Zeichen aufdrücken.

Wer »gestempelt« ist, wer einen Charakter bekommen hat, der gehört dazu. Alle weisen wir uns mit ein Stück Papier aus, das den Stempel eines Tieres, eines Bären bzw. eines Adlers trägt: unser Personalausweis. In der Geschäftswelt charakterisieren Menschen sich ebenfalls mit einer abgestempelten Pappe, der Mastercard, der Eurocard oder der Kontonummer. Entscheidend ist, wo und wie der Stempel (der Charakter) getragen wird.

Die Nummer auf der bloßen Haut kennzeichnet den Ausgegrenzten und den KZ-Häftling, die Nummer auf der Kontokarte den zur Klasse der Besitzenden Gehörenden. Wer das charakteristischen Zeichen einer satanischen Macht auf der Haut trägt, kennzeichnet sich selbst als Anhänger des Teufels. Wobei es völlig verkehrt wäre, das Wort »Teufel« hier in einem christlich-negativen Sinn zu verstehen. Satan und Teufel sind gestürzte, untergegangene, verdrängte göttliche Mächte.

Die »lichten« Mächte des Staates und der Kirche werden symbolisiert durch den »Adler« im Bundestag, die »Eiche« auf unseren Münzen, das »Kreuz« auf der Kirche, »Sonne« und »Stern« auf vielen Orden und anderes mehr. Fast jede Firma legt sich ein Symbol zu.

Menschen, die erfahren mussten, dass für sie diese »lichten« Mächte versagen, Menschen, die aufgegeben haben, sich irgendwelche Hoffnung auf Staat und Kirche zu machen, wenden sich den früheren, jetzt unterdrückten und verfemten Mächten der so genannten Unterwelt zu. Sie zeigen ihre Verbundenheit mit ihnen auf der Haut durch Tätowierung an.

Jedes der auf der Haut erscheinenden Tiere und Symbole muss dabei für sich betrachtet und erklärt werden. Mythen und Märchen geben Auskunft über den Bedeutungsunterschied zwischen den einzelnen Tieren. Unsere heutige, begriffliche Auffassung gibt kaum noch etwas von der ursprünglichen Bedeutung wieder. Im Begriff wird heute der »Adler« mit »Kraft«, der »Fuchs« mit »Weisheit« und die »schwarze Katze« mit »Hexerei« gleichgestellt. Dass der Adler ein Gott, der Fuchs ein Seelenführer (Magier) und die schwarze Katze das Tier einer Göttin waren, spielt keine Rolle mehr. Das Mythische ist abgestreift.

Von daher war es mein Interesse, genau hinzusehen, welche Tiere in der Szene auftauchen. Dass ausgerechnet eines der verfemtesten Tiere unserer Zivilisation – die schwarze Spinne (samt Netz) – auf der Haut erscheint, sagt dem viel, der weiß, dass die Spinne ursprünglich eine Netze spinnende Gottheit verkörpert. Zunächst wurde sie noch angemessen gezeichnet (zum Beispiel im Frau Holle-Märchen, wo die Goldmarie dem gesponnenen Faden folgt), später aber negativ, das heißt nur noch tötend (zum Beispiel im Dornröschen-Märchen), um schließlich (in den Soldaten-Märchen) zur »teuflischen Großmutter« zu werden und verfemt ins bürgerliche Bewusstsein einzugehen. Auf der Haut erscheint meines Erachtens die Spinne in ihrer ursprünglichen Bedeutung, als das Tier der Gottheit. Was ist es für eine Gottheit? Die der Einheit von Leben und Tod, von Schöpfen (Spinnen) und Vernichten (die Spinne frisst den Faden), der Einheit von oben und unten, der Einheit des Drunter und Drüber (Spinnen, Weben, Flechten).

Auch Tätowierungen zeigen den intensiven Wunsch von Menschen nach Zugehörigkeit, Schutz und Geborgenheit durch eine Macht an, die imstande ist, das Einzel-Ich in sich aufzunehmen und zu bergen.

Kleidung

Über die Kleidung ließe sich viel sagen, da jedes einzelne Kleidungsstück – Hut, Jacke, Hose, Gürtel, Rock, Schuh – seine

eigene besondere Geschichte und Bedeutung hat. Hier nur einige Beobachtungen.

Viele Menschen der Szene sind in Leder gekleidet. Es ist eine Art Schutzhülle, Rüstung, ein harter, beschlagener Panzer. Auch tragen Obdachlose häufig mehrere Kleidungsstücke übereinander. Sogar an warmen Sommertagen sah ich Menschen, die ich aus der Wärmestube kannte, in Militärmänteln mit Lederjacken darunter herumgehen. Das hat nicht nur den Grund, dass Wohnungslose alles, was sie haben, auch anziehen müssen, weil sie es nirgends in einen Schrank hängen können.

Je mehr ein Mensch durch gesellschaftliche Hüllen geschützt ist, desto mehr Haut kann er zeigen. Eine Dame, die per Taxi in Begleitung eines Herrn zur Oper fährt, genießt den Schutz ihres Pelzes, ihres Begleiters, des Autos, des Theaterbaus, der im Theater befindlichen Türhüterinnen, der Atmosphäre der Gobelins, der getäfelten Wände und des Lichts des großen Lüsters im Saal. Sie tritt in die Oper wie in eine gefütterte Schatulle. Eine solche Frau kann im dekolletierten Abendkleid mit bloßen Schultern erscheinen. Sie hat außerhalb ihres Körpers viele Hüllen. Nacktheit ist ursprünglich ein Privileg der Götter, die unantastbar sind – und noch heute stehen sie nackend im Park von Sanssouci.

Aber ein Mensch auf der Straße ist sowohl von außen als von innen gefährdet und wird leicht angetastet. Die äußere Gefährdung besteht in täglichen Angriffen, verbalen Beleidigungen, Waffengebrauch, aber auch im Ausgeliefertsein an Witterung, Verkehrslärm, Behörden, Gerichte und Polizeibeamte. Die innere Gefährdung besteht darin, dass Obdachlose oftmals keinen Menschen haben, der sie stärkt, erwartet, an sie denkt, sie sehen will, sie liebt. Ihr Ich ist vielfach beschädigt und gekränkt. Ein Leben ohne Wohnung und Beruf, ohne Scheckkarte und Beziehungen macht unsicher.

Die Kleidung der Obdachlosen hat die Funktion, die gefährdete Existenz zu sichern.

Insbesondere wird »Tier« angezogen: Leder, also Tierhaut. Das Tragen von Tier kommt freilich auch in der bürgerlichen Welt vor. Besagte Opernbesucherin trägt unter Umständen einen echten Nerz oder Fuchskragen. Die französischen Könige trugen Hermelin. Löwen- und Tigerfelle schmücken so manche Wohnung. Und was nicht alles erscheint auf den Köpfen von hoch gestellten Menschen: Hörner, Federn, ganze Vögel (bei den Pharaonen), Pelz (an Kappen und Hüten). Selbst Krokodilsleder gilt als fein! Gerade das Tragen von Tier und von Tiersymbolen adelt den Träger und die Trägerin.

Dennoch ist ein Unterschied zu beachten. Die zuletzt genannte Tierkleidung der adligen und bürgerlichen Mode erhebt den Menschen. Die Kleidung der Szene will das Gegenteil, sie will den Träger und die Trägerin gerade von der bürgerlichen Welt entfernen und die Zugehörigkeit zu denen ausdrücken, die sich »am Boden befinden«, die am Boden sind, die auf allen Vieren gehen. Deshalb werden die Tiere der Nacht eher angezogen als die Tiere des Tages. Aus dem gleichen Grund ist es üblich, zerrissene, altmodische, militärische und schwarze Sachen anzuziehen.

Die Kleidung wird nicht lange getragen, sie ist schnell verbraucht. Das hat den einfachen Grund, dass Obdachlose schwer an eine Waschmaschine herankommen und für Waschsalons kein Geld haben. Oftmals werfen die Menschen verlauste Sachen weg, wenn sie neue bekommen können. Trotzdem wird keineswegs alles angezogen! Obdachlose sind wählerisch, was die »Klamotten« betrifft, denn »Kleider machen Leute« – das gilt ebenso in der Szene wie in der Oper.

Tiere

Eins der auffälligsten Kennzeichen der Menschen auf der Straße ist ihr Umgang mit Tieren. Wo man hinblickt, tauchen Tiere auf. In der Szene gibt es insbesondere Beziehungen zu Hunden. Im Mythos ist der Hund das Tier der Unterwelt, der Kerberos, ein dreiköpfiges Ungeheuer mit dem Schwanz einer Schlange, grässlich anzusehen, die Unterwelt bewachend. Wer in der »unteren Welt« lebt, hat keinen Löwen als Wächter, sondern einen Höllenhund.

Es soll an dieser Stelle besonders betont werden, dass viele Obdachlose nicht nur Tiere bei sich haben und sich mit Tieren schmücken, sondern mit Tieren zusammenleben. Freilich sind auch an diesem Punkt die Grenzen zur Umwelt fließend. Wie viele bürgerlich lebende Menschen haben seelischen und körperlichen Kontakt mit Tieren, reden mit ihnen und küssen sie! Für wie viele einsame Menschen sind Tiere der einzige tägliche Umgang! Die der abendländischen Kultur tief eingetrimmte Trennung von Tier und Mensch wird immer mehr aufgehoben. Tiere werden zu Partnern, zu Geschlechtspartnern, zu Lebensgefährten. Dieser Punkt rührt bei einem in der christlichen Tradition stehenden Menschen an einen besonders tabuisierten Bezirk. Ist doch gerade in der Bibel die Sodomie aufs Strengste verboten. »Du sollst nicht mit irgend einem Tiere Umgang haben und dich so an ihm verunreinigen! Und kein Weib soll sich vor ein Tier hinstellen, um sich mit ihm zu begatten!« (3. Mose 18,23). »Wenn einer mit einem Tier Umgang hat, soll er getötet werden. Und auch das Tier sollt ihr umbringen ... Ihr Blut komme über sie« (3. Mose 20,15f). Diese Stellen – etwa 500 Jahre v. Chr. aufgeschrieben – zeigen an, dass es Zeiten gegeben haben muss, in denen die Trennung von Mensch und Tier keineswegs so scharf war wie heute, denn ansonsten hätten solche drastischen Verbote nicht ausgesprochen werden müssen.

»Machet die Erde euch untertan,« heißt es 1. Mose 1,28, »und herrscht über ... alle Tiere, die auf der Erde sich regen!« Wohin die radikale Trennung von Mensch und Tier unsere Kultur geführt hat, wissen wir: zur Barbarei, zur Ausrottung vieler Tierarten, zur willkürlichen Vermehrung so genannter nützlicher Tiere, zu Hühnerfabrik und Rindfleischproduktion. Das Wissen darum, dass »Seele« etwas ist, was Menschen und Tiere gleichermaßen haben, ist verloren gegangen.

Obdachlose gehen enge Beziehungen zu Tieren ein: Manchmal herrische, oft aber freundschaftliche oder sogar partnerschaftliche. Dies ist der Grund, warum eine Reihe von ihnen staatliche Hilfsmaßnahmen ausschlägt. Ich kenne keine Pension, in die Obdachlose Hunde mitnehmen dürfen. Also geht, wer von seinem Hund nicht lassen will, in keine Pension. Wo soll der Obdachlose sein Tier lassen, wenn er ins Krankenhaus muss? Also verzichtet er unter Umständen auf die Einweisung in ein Krankenhaus, selbst wenn der Eiter aus den Beinen schon in die Schuhe läuft. Ich habe mehrere solcher Menschen kennen gelernt und betreut.

Wenn ich es richtig verstehe, wird in der Szene zurzeit ein anderes Verhältnis von Mensch und Tier ausprobiert und eingeübt. Ich unterstelle nicht, dass es ein besseres ist, denn was heißt besser? Soll man es menschlicher, also »vermenschter« nennen? Soll man es als »tierisch« bezeichnen, weil wir Menschen Verhaltensweisen von Tieren wieder erlernen?

Meine Konsequenz aus diesen Beobachtungen war eine Erlaubnis: Zur Wärmestube dürfen Mensch und Tier kommen. Ich kaufe auch Tiernahrung ein. Vielleicht sollten wir Mittel für Tiernahrung und nicht nur für Menschennahrung bei der Senatsverwaltung beantragen. Denn die Obdachlosen verzichten oftmals selbst bei Schnee und Kälte eher auf einen Bettplatz als auf die Nähe zu ihrem Hund.

Instinkt

Wer auf der Straße in öffentlichen Toiletten, in Hauseingängen, auf U-Bahnrosten, in Abrisshäusern und Parkanlagen schläft, ist in einer erschreckenden Weise der Gewalt ausgesetzt. Gewalt gegen Wehrlose – ein Kennzeichen faschistischer Gesellschaften – nimmt immer mehr zu. Der Mensch auf der Straße fühlt sich beständig bedroht. Der bloße Anblick von möglicherweise Gewalt gebrauchenden Menschen (dazu gehört automatisch alles, was Uniform trägt) bewirkt sofort Reaktionen.

Um zu überleben, werden auf der Straße und in der Szene Verhaltensweisen herausgebildet, die nicht rational sind. Dem bürgerlichen Menschen wird schon als Kind beigebracht, *nicht* sofort zu reagieren. »Erst einmal Luft holen und dreimal tief durchatmen!« »Erst sehen, dann denken, dann reagieren!«

heißt die bürgerliche Regel. Die Vernunft möchte, bevor der Mensch etwas unkontrolliert tut, eingeschaltet werden.

Anders ist es auf der Straße. Hier wird die Vernunft mehr und mehr abgemeldet. Der auf der Bank schlafende Obdachlose muss sofort reagieren ohne nachzudenken. Der, der eine öffentliche Toilette oder einen Bahnhof betritt, muss »riechen« was in der Luft liegt, im wörtlichen und übertragenden Sinne. Wenn er die ihn vertreibenden Beamten nach dem »Warum?« befragt, läuft er Gefahr, »eins drüber« zu kriegen. Verstand gibt es bei den Vertreibungen nicht. Ein Obdachloser im Berliner Zoo wurde zum Beispiel vom Bahnschutz 63 mal vertrieben und kam immer wieder. Denn die »Schutzdienste« haben keinen besseren Ort zu bieten, außer Sammelstelle (Zelle), Gefängnis oder Wald. (Die *AG »Leben mit Obdachlosen«* konnte Fälle von 150 Obdachlosen dokumentieren, die einzeln oder in Gruppen im Winter 1995/96 von der Berliner Polizei selbst bei Schnee und Kälte in die Wälder an den Stadträndern »verbracht« wurden.)

Wer in der Öffentlichkeit, in der Toilette oder auf einer Bank schläft, ist auf Reaktionen angewiesen, die kein langes Nachdenken benötigen. Solche typisch instinktiven Reaktionen sind Flucht (auch wenn es ruhig und rational betrachtet, gar nicht nötig wäre), Angriff (auch wenn unter Umständen gar keine Gefahr besteht) und Unterwerfung mit Demutsgebärde (auch wenn es vom Angreifer gar nicht erwartet wurde). Das bedeutet, dass das eigene Verhalten nicht mehr geplant, sondern der instinktiv wahrgenommenen Situation angepasst wird. Es werden gewissermaßen dauernd »Kurzschlusshandlungen« vollzogen, weil das Bewusstsein kurz-geschlossen ist.

Gespieltes Leben

Trennung von Ernst und Spiel

Zu den Kennzeichen modernen bürgerlichen Lebens gehört die Trennung von Ernst und Spiel. Es werden beide Bereiche bejaht, aber sie werden nicht miteinander »vermischt« oder »in eins gesetzt«.

Der Bereich des Ernstes ist vor allem die bezahlte und geregelte Arbeit. Auch Wirtschaft und Wissenschaft funktionieren weitgehend ohne Gesang, ohne Lyrik, ohne Erzählungen, ohne Tanz oder gar Malerei, das heißt ohne die traditionellen Elemente spielerischen Lebens.

Daneben kennt der Bürger durchaus Bereiche, in denen er singt, spielt, tanzt, erzählt, malt oder zeichnet, bzw. in denen er anderen bei den entsprechenden Tätigkeiten zuschaut: im Sport, in kulturellen Veranstaltungen, in der Kirche, in der Kneipe, in der Freizeit. Es gilt aber als Regelverstoß, wenn jemand während des Unterrichts Skat spielt, während der Arbeit Walzer tanzt, in einer Betriebsratssitzung Gedichte aufsagt, in einer Synode Karikaturen verbreitet oder auf der Börse eine Staffelei aufstellt. Umgekehrt wäre es ebenfalls anstößig, wenn jemand bei einer Sportveranstaltung ein wissenschaftliches Lehrbuch lesen wollte, wenn im Gottesdienst Börsennachrichten angekündigt würden oder wenn jemand während eines Gartenfestes glaubt, unbedingt die Beete umgraben zu müssen.

Ich will nicht behaupten, dass es das alles nicht gibt. Im Gegenteil! Es gibt Tabuüberschreitungen. Ich selber beteilige mich an ihnen, aber sie werden in unserer Gesellschaft als Abweichung von der Norm wahrgenommen. Lediglich das Rauchen und Trinken bilden eine Ausnahme. Im Übrigen wird der Wechsel von einem in den anderen Bereich schnell vollzogen. Zwischen Feierabend und Abend, zwischen Arbeitsende und Urlaubsbeginn, zwischen Ernst und Spiel ist der Übergang mitunter sehr kurz.

These 1

Es scheint mir ein Kennzeichen der Obdachlosenszene, dass die geschilderte Differenz zwischen dem spielerischen und dem ernsten Bereich tendenziell immer mehr aufgehoben wird. Das Leben wird gespielt. Das Spiel ist der Ernstfall. Das Leben ist nur auszuhalten, wenn es in Szene gesetzt wird. Leben ist die Kunst des Überlebens. Der Mensch wird dabei zum Kunstwerk.

Keineswegs gelten diese Aussagen für alle Obdachlosen. Je länger ich versuche, »mit Obdachlosen zu leben«, desto deutlicher wird mir der Unterschied zwischen »registrierten« Obdachlosen einerseits, die – eingewiesen in Pensionen – ein eigentümlich schattenhaftes Dasein führen, und den »nichtregistrierten« Obdachlosen andererseits, die auf der Straße leben und die »Szene« bilden, über die hier vor allem nachgedacht wird.

Geschichten erzählen

Viele Obdachlose erzählen Geschichten. Sie erzählen, weil sie ohne Geschichte nichts bekommen, weder Geld noch Zuwendung. Es ist dabei unwichtig, ob die Geschichten »wahr« oder »erfunden« sind – meist sind sie beides, wie jede gute Geschichte. Der Obdachlose, der aufs Amt oder zum Pfarrer geht, der in der U-Bahn seinen Spruch hersagt oder irgendwo unterkommen will, muss schildern, was der Fall ist, was sein Fall ist. Sein Leben wird nicht durch feststehende Rechtsbeziehungen geregelt, die ohne Erzählung funktionieren. Theoretisch zwar stehen einem Obdachlosen Rechte (zum Beispiel nach dem Bundessozialhilfegesetz) zu, aber er kann nicht einfach (fußend auf einem Vertragsverhältnis) zu einer Bank oder einer Kasse gehen und sich per Unterschrift Geld abholen. Er muss sich erst im Sozialamt »erklären«, seinen Fall schildern. Die Grundlagen des Lebens sind nicht mehr (durch Eltern, Besitz oder Zugehörigkeit) wortlos und selbstverständlich vorhanden. Er ist aus den verdinglichten Bezügen herausgefallen. Und daher muss er »nicht-dingliche« Beziehungen durch seine Erzählungen aufbauen. Immer wieder muss er seine Geschichte erzählen. Er muss sein Sein durchs Wort konstituieren.

Meine Erfahrung ist nun, dass in den Einrichtungen der Kältehilfe solche Obdachlosen oftmals auf Menschen treffen, die, was die Grundlage ihres Lebens betrifft, das genaue Gegenteil darstellen. Dabei denke ich an Rentner und Rentnerinnen, die alleine in einer Wohnung leben. Für sie ist gesorgt, Wohnung vorhanden, Rente regelmäßig auf dem Konto. Das Leben findet statt, ohne dass irgendwem irgendetwas erzählt werden müsste oder könnte. Der Einkauf in Tante-Emma-Läden (wo noch gesprochen wurde) weicht mehr und mehr dem Einkauf in Einkaufszentren, in denen Gespräche, gar Erzählungen an der Kasse, sofort als Vermischung von Arbeit (Ernst) und Spiel (Erzählen), also als geschäftsschädigend empfunden und kritisiert werden. Das bedeutet: Solche Rentner und Rentnerinnen leben, ohne viel zu erzählen. Oft reden sie zu ihrem Hund und werden aus ihrem Fernseher angeredet. Um zu existieren, bräuchten sie kaum zu sprechen. Zugleich ist eine solche Existenz nichts als ein Zustand des Schreckens und des Ausgestoßenseins. Außerhalb des realen sprachlichen Austausches existieren zu müssen, ist ein bitteres

Los. Solche Menschen sind nicht obdach-los, aber sprach-los. Sie sind nicht vom Ort vertrieben, sondern aus dem Wort. Das Leben in der Szene hat aus diesem Grund für sie eine große Anziehungskraft, denn dort ist das Leben »im« Wort.

Im Griechischen werden vom Begriff *agora* (Markt) zwei Worte abgeleitet. Was dem Marktgeschehen zugrunde liegt, ist *agoreuein*, »reden über« oder »von etwas handeln«. Wird das, worüber man redet grundsätzlich, einteilend und begrifflich dargestellt, entstehen Kategorien (*kata-agoreuein*). Wird das, worüber man handelt in »anderer« Form (das heißt erzählend, Geschichten und Mythen gebrauchend) dargestellt, entstehen Allegorien (*allos-agoreuein*). Kategorischer und allegorischer Umgang mit Wirklichkeit verhält sich wie Ernst und Spiel. Obdachlosen steht lediglich die Allegorie für ihren Handel und Wandel zur Verfügung. Obdachlose führen eine allegorische Existenz, werden zugeordnet nach Geschichten. Bürger haben eine kategorische Existenz, werden eingeteilt nach Merkmalen und Kategorien (zum Beispiel auf der Steuerkarte).

Namen, Fall und Zufall

Ursprünglich waren alle Namen *mana* – gefüllte Ereignisse. Das Aussprechen von solchen geladenen Lauten war gefährlich. Oft wurden Namen gerade nicht ausgesprochen. Die magische, unmittelbare Wirkung haben Namen an einer Stelle bis heute behalten. Wir drehen uns automatisch um, wenn jemand hinter uns unseren Namen ruft. Wir können gar nicht anders.

Im Laufe der Kulturgeschichte sind aber die Namen allmählich geleert worden. Zunächst wurden sie Begriffe, danach verlor sich auch ihre begriffliche Bedeutung. Beispielsweise hat ein Mensch, der heute »Müller« heißt, nichts mit einer Mühle zu tun; und ein Mensch, der auf den Namen »Backhaus« hört, besitzt nicht unbedingt einen Ofen zum Brotbacken. Das gilt für alle Nachnamen, deren ursprünglicher Sinn nur noch etymologisch festgestellt werden kann, aber auch für alle Vornamen. Wenn Eltern ihren Sohn »Boris« nennen, sagt das noch nichts über die künftige Tennisfähigkeiten ihres Sprösslings aus, sehr wohl aber etwas über die Wünsche und Hobbys der Eltern. Allerdings enthalten Vornamen in der Regel *ein* inhaltliches Moment: Sie geben Auskunft über das Geschlecht des Trägers oder der Trägerin. Grundsätzlich aber gilt: Die Namen sind leer – geleert.

Diese Abstraktion von allen Inhalten galt nie im Theater und gilt auch nicht in der Szene. Dort wird sie rückgängig gemacht. Die Namen, die sich die Obdachlosen geben oder geben lassen, wollen Inhalte transportieren. Wer sich Satan, Chaos, Bambule, Monster, Jumbo oder Bomber nennt oder nennen lässt, hängt sein Ich mit dem Namen aus dem Fenster. Der Name ist das Konzentrat einer gelebten Geschichte.

Dieser Vorgang, dass Namen wieder zu Aussagen werden, ist auch in der bürgerlichen Welt bekannt und spielt in der Werbung eine große Rolle. Dort werden Namen zu Begriffen, dort wird Wert darauf gelegt, dass der Name eines Herstellers in das Produkt eingeht und durch die Ware einen Inhalt bekommt, der untrennbar mit ihm verbunden ist. So kann niemand von uns den Namen »Bahlsen« hören, ohne an Kekse zu denken. Die Namen »Tschibo« oder »McDonald's« sind zu Begriffen geworden – zu edlen Begriffen. Sie signalisieren Güte, besonderen Geschmack, besondere Qualität.

Einmal kam eine schwarze Frau zu uns in die Wärmestube. Sie war etwa 20 Jahre alt, in Berlin geboren und nannte sich »Leiche«. Wir mussten sie mit diesem Namen anreden, einen anderen gab es nicht. Die Geschichten, die sie uns erzählte, schilderten das Leben eines Menschen am untersten Ende der Unterdrückung. Ein Mensch, von anderen als »Negersau« beschimpft – Ausländerin, Schwarze, Frau: unterm Strich, unter dem Boden, daher »Leiche«.

Namen, Fall und Zufall

Die Namen der Obdachlosen artikulieren oftmals die Zugehörigkeit zur Nachtseite der Welt. Sie drücken aus, dass die Welt – und mit ihr die Namensträgerin oder der Namensträger – tot oder vom Teufel, nichts als Chaos und voller Monster sind. Obdachlose leben in einer Welt des Falls. Die Menschen haben das Gefühl zu fallen und lassen sich schließlich auch fallen. Sie werden geschoben, beiseite gedrängt, ausgegrenzt. Alles ist der Fall, alles, was geschieht, ist gerade dran, nichts wurde vorher angemeldet oder geplant.

In der bürgerlichen Welt hat dasjenige das höchste Sein, was geplant, entwickelt, vorbereitet ist und schließlich stattfindet. Es wird durch Organisation und Planung der Zufall möglichst ausgeschaltet. Wichtige Sachen werden terminiert, bekommen im Ablauf der Zeit ihren Platz.

In der Szene herrscht der Zufall. Es wird der kommende Winter nicht planerisch – durch Vorratswirtschaft – vorweggenommen, sondern jeder Tag hat seine eigene Plage und sein eigenes Ziel: einen Schlafplatz für die Nacht zu finden. Jeder Termin auf dem Sozialamt stellt daher eine Qual allein wegen seiner Terminierung dar. Obdachlose leben nicht auf der bürgerlichen Zeitachse. Sie leben grundsätzlich im Augenblick, Tag und Nacht.

Das bürgerliche Bewusstsein trennt möglichst deutlich Tag und Nacht, Schlafen und Wachen. Im ersten Buch der Bibel wird gerade diese Trennung von Tag und Nacht als Zeichen von Schöpfung verstanden. Ein Bürger ist unglücklich, wenn er nachts wachliegt und tags dahindämmert und nicht richtig arbeiten kann.

In der Szene entsteht ein anderes Bewusstsein. »Ich schlafe nachts nur mit einem Auge«, sagte mir einmal ein in öffentlichen Toiletten schlafender Mann. Wachen und Schlafen werden nicht mehr getrennt. Eher ist es ein ständiges, intensives, hellseherisches Mittelbewusstsein, was sich herausbildet. Daher sind meines Erachtens die bekannten Drogen

»nicht « typisch für die Szene, sondern typisch für das bürgerliche Bewusstsein. Alkohol-, Tabak- und Tablettenkonsum sind dort gang und gäbe, wo die Ratio intensiv gefordert ist, wo mehr Wachheit, Bewusstsein oder Problembewusstsein verlangt wird, als ein Mensch bieten kann. Damit will ich die Drogenproblematik in der Obdachlosenszene nicht verheimlichen oder bagatellisieren. Aber zuerst einmal sind die Drogen in der Szene solche, die dem Schwebezustand entsprechen, in dem sich das ständig dem Zufall hingegebene Bewusstsein befindet. Solche Drogen sind: Traum, Spinnerei, Fantasie, Duftstoffe, unterstützt durch Haschisch und Marihuana sowie Negativeinnahmen, das heißt Nicht-Einnahme fester oder flüssiger Stoffe – also das, was Fasten, Abstinenz und Askese genannt wird. Trotzdem sind viele Menschen in der Szene alkoholkrank und drogenabhängig. Sie kommen aus der Welt der Rationalität. Sie waren Bürger. Sie können mit den in der Schule gelernten Begriffen die eigene Existenz nur als negativ, als »gefallen«, als »Abfall von der Norm« begreifen. Der Konsum der bürgerlichen Drogen ist daher vorprogrammiert.

Gehe ich zu weit, wenn ich die Vermutung ausspreche, dass derzeit in der Szene unsere Gesellschaft das Überleben im Fall lernt? Dass sie gerade dort zu erahnen beginnt, was längst der Fall ist? Das die Szene nicht nur Randgebiet der Gesellschaft ist, wo (rational gesprochen) der Abfall von unbrauchbarem »Menschen-Material« vernichtet wird? Ich denke oft, dass die Szene ein Erprobungsfeld künftiger gesellschaftlicher Formen darstellt. Obdachlosigkeit hat Zukunft! Sie hat es in dem traurigen Sinn, dass unsere Gesellschaft immer neue obdachlose Menschen produziert. Sie hat es aber auch in dem Sinn, dass in der Szene obsolet und gefährlich gewordene Verhaltensweisen der bürgerlichen Gesellschaft aufgegeben und neue Verhaltensweisen ausprobiert werden.

In-Szene-setzen

Nicht nur durch Erzählungen und Namen wird das Leben der Menschen auf der Straße ermöglicht und gekennzeichnet, ebenso wichtig ist das »Sich-in-Szene-setzen«. Nicht von ungefähr heißt der Ort der Obdachlosen »die Szene«, früher auch »Alternativscene«.

Insbesondere junge Menschen machen die Erfahrung, dass reale Wohn-, Schlaf- und Arbeitsplätze schon besetzt sind. Viele Bürger, die einen Platz besitzen, verteidigen ihn, umzäunen ihn und versehen ihn mit einem Schild »Betreten verboten!« Insbesondere für Obdachlose und Ausländer gilt: »Betreten verboten!« Inzwischen führen wir den Streit darum, ob die gesamte Innenstadt Berlins für Obdachlose »off-limits« erklärt wird oder nicht. Für die Flüchtlinge ist – seit der faktischen Abschaffung des alten Artikels 16 des Grundgesetzes – die gesamte Bundesrepublik schon off-limits.

Wenn jeder reale Ort (*topos*) unzugänglich wird, bleibt *U-topia*, das ist der Ort des reinen Spiels, die »Szene«. Obdachlose werden nicht nur ins Wort gedrängt, sondern auch auf die Szene und in die Kunst. Freilich ist dies eine andere Form von Kunst als diejenige, die der Trennung vom Ernst des Lebens entstammt. Für viele Obdachlose wird das Leben selber zur Kunst. Die Trennung von Ernst und Spiel wird aufgehoben.

- Der *eigene Körper* wird zur Kunstgestalt. Indem er stilisiert, tätowiert, gefärbt, geschmückt, gestaltet, umgestaltet oder auch verunstaltet wird, macht sich der Mensch zu einem lebendigen Ausstellungsstück. Diese Kunstform kann nicht mehr eben einmal angelegt und rasch wieder abgelegt werden! Der rasche Wechsel von Spiel und Ernst findet nicht mehr statt. Die künstliche Gestalt ist zur realen Gestalt geworden. Die Tätowierung geht nicht mehr ab – und oft auch Dreck und Eiter nicht.

- Das »*Sich-in-Szene-setzen*« bezieht sich nicht nur auf das Outfit, sondern auch auf das tägliche Gebaren. Es bilden sich Verhaltensweisen heraus, die von außen als »Rolle« betrachtet werden können, so, als wären sie nur vorübergehend wie ein Kleid in einer Zeit des Spiels angezogen und könnten, wenn der Ernst des Alltags zurückkehrt, abgelegt werden. Aber das ist nicht der Fall. Solche Verhaltensweisen sind nicht vorübergehende Rollen, sondern eher so etwas wie »Tick«, »ständige Nummer«, »Macke«, »Dauerbrenner«. Sie sind Gestalten der Einheit von Kunst und Leben. Beispielsweise werden bestimmte Orte, Personen, Institutionen regelmäßig aufgesucht. Jemand macht grundsätzlich, wenn er kommt, ein Fass auf. Jemand kommt immer zu spät. Jemand lehnt immer erst einmal ab, was ihm angeboten wird. Jemand erwartet, dass man ihn besonders behandelt. Jemand erscheint immer und auf Anhieb aggressiv. All das sind Verhaltensweisen, die zu festen Bestandteilen der Person werden können. Im Extremfall bilden sich psychotische Verfestigungen heraus.
- Auch *Requisiten* werden zu festen Bestandteilen einer Person und gehen unter Umständen in den Namen der Person ein: »Hackebeilchen«, »Rucksack-Werner«, »Ratte«, »Gerd mit dem roten Tuch«. Es können Tiere sein, bestimmte Kleidungsstücke, ein Rucksack oder eine Augenklappe, eine bestimmte Form der Mütze, eine bestimmte Haarfarbe. Je auffälliger das Requisit, desto kennzeichnender ist es, desto offensiver wird es gezeigt.
- *Krankheiten* werden nicht mehr, wie in der bürgerlichen Welt, versteckt, sondern offen gelegt. Es ist ein häufig anzutreffender Vorgang, dass einer Geschichte dadurch Nachdruck verliehen wird, dass Körperteile entblößt und Wunden vorgezeigt werden. Die Inszenierung

> von Hilflosigkeit ist dabei Ausdruck wirklicher Hilflosigkeit, nicht bloßes Mittel zum Zweck, sondern die Sache selbst.

Alle genannten Phänomene – Stilisierung des Körpers, eingefahrene Verhaltensmuster, ständig mit sich getragene Requisiten, Zur-Schau-Stellung von offener Haut und offener Seele sowie der Gebrauch intensiver Gestik – deuten darauf hin, dass das Leben als Spiel vollzogen wird. Nicht werden ab und an Kunst und Theater eingesetzt, um das Leben zu verschönern, sondern Kunst und Theater sind Weisen des Überlebens.

Die Stadt als Kulisse

Daraus folgt eine für »fest im Leben stehende Bürger« oftmals mit Erschrecken erfahrende Konsequenz. Die Welt wird zur Bühne, auf der das Ich in Szene gesetzt wird. Die Stadt mit ihren realen Betonbauten und fest gefügten Ordnungen entpuppt sich als Pappe, als bemalte Pappe. Bürger auf der Straße werden, ohne sich eine Karte gekauft zu haben, zum Theaterpublikum.

Die Stadt wird bemalt

Es ist eine uns allen bekannte Erscheinung, die mit Obdachlosigkeit zunächst nichts zu tun hat, dass Toilettenwände bemalt und bekritzelt werden. Gewissermaßen ist die öffentliche Toilette der Geburtsort der Graffiti. Sie ist aber auch der »private « Raum der nicht registrierten Obdachlosen. Wer auf der Toilette sitzt, ist da, kann aber nicht gefunden werden. So leben auch diese Obdachlosen: Sie sind da, können aber nicht angeschrieben, nicht gefunden werden.

Inzwischen werden die Wände der Toiletten erweitert. Die gesamte Innenstadt wird zur öffentliche Toilette. Sie wird bekritzelt. Indem sie Menschen beherbergt, die auf ihren Straßen und Plätzen zugleich »ganz privat« leben, wird auch sie »öffentlich-privat«. Die Kritzeleien kann man beseitigen, um die frühere Situation herzustellen. Man kann aber auch versuchen, sie zu »entziffern«.

Jeder Mächtige hält sich Bettler möglichst weit vom Leibe. Er schafft Raum zwischen sich und dem, der etwas von ihm will. Das bekannteste Beispiel ist der »Amtssitz«, der Sessel, eines Präsidenten: Er ist durch Zaun, Vorgarten, Pförtner, Treppenhaus, Flur, Vorzimmer (mit Vorzimmerdame) und Schreibtisch von dem Menschen auf der Straße entfernt und geschützt. Mehrere Barrieren müssen ein Bittsteller oder eine Bittstellerin überwinden, um dem Präsidenten in die Augen blicken zu können.

Was im Raum gilt, gilt auch in der Fläche. Wenn eine Schrift auf einer Fläche besonders dick ist und sich andere Schrift möglichst weit vom Leibe hält, ist sie eine Überschrift. Sie braucht den leeren Raum um sich herum, um sich hervorzuheben.

Graffiti-Zeichner vernichten die Leere. Die Sprayer setzen ihren Namenszug in den sakro-sankten Bereich. Mose zieht nicht mehr die Schuhe aus, wenn er sich dem heiligen Ort, dem brennenden Dornbusch (2. Mose 3), nähert. Indem die Sprayer die leeren, das heißt geleerten Räume betreten, betreiben sie Kritik an Herrschaft und Ideologie.

Dort, wo der tabuisierte Raum unzugänglich ist, zum Beispiel in Mietshäusern die Privatwohnungen, werden die Vorräume des privaten (= geraubten) Raumes, also die Flure und Treppenhäuser, mit Kritzeleien versehen. Die majestätischen Fassaden-Inschrift eines öffentlichen Gebäudes – große Buchstaben mit viel freiem Raum drumherum – wird von den Sprayer unernst, spielerisch, kritzelnd und schnörkelnd ausgefüllt. Ein klassischer Palast trennt auf seiner Außenhaut die ernste Überschrift und den spielerischen Dekor (Mäanderbänder, Blumenranken, Granatapfelmuster, Efeu, Akantus). Der Sprayer hebt die Trennung auf. Er tätowiert das Gebäude.

Die Tätowierung sowohl der menschlichen als der städtischen Körper und die Bemalung der Toilettenwände haben eins gemeinsam: Sie transportieren Intimität – oftmals rätselhaft verschlüsselt – in die Öffentlichkeit. Die weiß getünchte Toilettenwand wird zum Liebesbrief, zum Bekenntnis und zum Hilferuf. Die Verdrängung von Heterosexualität, Homosexualität, Bisexualität, Geruch, Hautnähe, Krankheit, Leid und Emotion findet nicht mehr statt: »Suche gleichgeschlechtliche Partner!« Die nackten Körper werden mit den Symbolen der »unteren« Tier- und Götterwelt bedeckt und sind voller Seelenausdruck. Die Hauswand wird mit dem chiffrierten Namenszug eines Nicht-Hausbesitzers versehen, der stolz darauf ist, dass ihm die zeitweilige Beschriftung und Enteignung gelang. Sein Namenszug prangt nun auf der Kulisse.

Die Stadt als intime Szene

Das klassische Theater hat eine erhöhte Bühne mit Vorhang und eisernem Vorhang. Der Spielraum (mit Kulisse) und der Zuschauerraum (mit Plüschsessel) sind getrennt. Dort agieren die Künstler, hier sitzen die zuschauenden Bürger. Ähnliche Trennschranken gibt es in der Kirche (Lettner), im Gericht (Schranke), in Amtsstuben und Geschäften (Theke) oder in Parlamenten (Publikumsgalerie).

Jede Grenze grenzt aus. Im Grunde markiert sogar schon jede Stufe im Raum, jedes Podest und jede Säule eine Unterscheidung, die die Tendenz zur Trennung und Abgrenzung in sich hat. Indem nun die allerseits üblichen, sichtbaren Grenzen negiert werden, wird der Spielraum zum einzigen Raum. Keineswegs ist es umgekehrt! Die Obdachlosen entziehen sich ja gerade der Tendenz, alle Räume per Verwaltung und Ordnung (und, wenn nötig, mittels Geheimdiensten) durchzuorganisieren und zu kontrollieren, indem sie auf der Straße leben. Sie werden weder vom Briefträger noch vom Gerichtsvollzieher angetroffen. Sie sind abgetaucht.

Aber sie sitzen auf der Straße. Mir fällt auf, dass Obdachlose oftmals an Plätzen größter Betriebsamkeit ihren »Ruheplatz« aufmachen. So »ruhen« sie am Wittenbergplatz oder am Halleschen Tor oder am Alex. Sie breiten sich am Weg aus, manchmal auch im Weg.

Wer immerzu in Gefahr steht, vertrieben zu werden, wer immerzu von außen in Bewegung versetzt wird, weil er nicht genug Geld hat, um sich ein längeres Aufenthaltsrecht an einem Ort zu kaufen, der ist tendenziell immerzu auf Ruhe aus. Natürlich kann die Ruhe dadurch erreicht werden, dass irgendwo eine sichere Platte gefunden wird. Tagsüber aber muss die Ruhe durch eine vorübergehende Besetzung geschaffen werden. Mehrere Obdachlose okkupieren ein Stück öffentliches Gelände. Unter Umständen provozieren sie dadurch Bemerkungen wie »Geht doch arbeiten!«, weil sie im allgemeinen Verkehr ruhen, nicht etwa auf einer Wiese im Tiergarten.

Dort, wo die Bewegung der Umgebung am größten ist, findet plötzlich »spielerische« Beschäftigung statt. Was der Bürger bei der Arbeit nicht darf – anhalten, in der Hektik des Betriebs Karten spielen, ein Gedicht lesen, ein Bild malen, Lieder zur Gitarre singen, ein gemeinsames Essen veranstalten –, die Obdachlosen tun es auf der Straße. Sie verstärken damit die Tendenz der Cafés, die ihre Tische auf die Straße stellen. Sie bringen Urlaubsstimmung in die Stadt. Sie gewinnen (notgedrungen) die Straße als Ruheraum zurück. Sie inszenieren Urlaub, obwohl es für sie keinen gibt. Sie spielen an Stellen, wo das Leben nichts als Hektik, Eile und Geschäft, nichts als Ernst ist. Auf diese Weise machen sie alle Menschen um sich herum ungefragt zu Zuschauern.

Ebenso ist es in der U-Bahn, wenn sich Obdachlose »darstellen«, sich dabei ein Stück weit wie Schauspieler prostituierend – sei es verbal, sei es mit Instrument oder Zeitung oder mimisch. Andere machen das übrigens auch: Kirchentagsbesucher zum Beispiel und Fußballfans bei den großen religiösen und sportlichen Treffen.

Die Trennung des Theatralischen (in öffentlichen Häuser) und des Seelisch-privaten (in Privatwohnungen) wird aufgehoben. Die Stadt wird zur Kulisse der Selbstinszenierung. Das Leben wird gespielt.

Tabuüberschreitungen

Ein unter den katholischen wie protestantischen Kreuzberger Theologen beliebtes Thema ist der Austausch über Vorkommnisse bei Amtshandlungen. Noch jedes Mal, wenn Leute aus der Szene in der Kirche auftauchten und bei einem religiösen Ritus anwesend waren, wurde der Ritus mit seiner vorgeschriebenen »Agende« gestört und verändert.

Das eindrücklichste Beispiel für mich war die Beerdigungsfeier eines Obdachlosen, bei der etwa 15 Obdachlose und eine Bürgersfrau erschienen waren. Gleich nach Beginn unterbrachen mehrere Obdachlosen die Feier in der Halle, sprangen auf, gingen aufeinander los, schlugen sich, hielten selber Reden und bedrohten mich, den Pfarrer, der sie beruhigen wollte.

Am Schluss der Feier stand ein Obdachloser im Gang und schrie laut, während die übrigen Teilnehmer an ihm vorbei ins Freie gingen. Die Urne war mit dem Helm des Gestorbenen bedeckt und mit Sekt begossen worden. Intensive Äußerungsformen, Gebärden und Zeichen der Trauer hatten die gesamte Bestattung begeleitet. Die Beerdigung war nicht mehr ein religiöser Ritus mit einem Akteur (dem Pfarrer) und vielen Zuhörerinnen und Zuhörern, die lediglich das Vaterunser mitsprechen und Sand auf die Urne werfen dürfen, sondern sie war ein absurdes Theaterstück mit vielen Akteuren, die sich ihre Rollen nicht vorschreiben ließen.

Schaut man in die »Geschichte des Todes« (so der Titel eines Buches von Philippe Aries[7]), erkennt man, dass die »Klerikalisierung« des Todes keineswegs seit Ewigkeiten besteht. Sie begann im 13. Jahrhundert. Dokumente über die Bestattungsriten *vor* dieser Zeit zeigen an, dass die kirchliche Begleitung lediglich in Absolution und Segen bestand. Alle *planctus*-Rituale (Trauerriten) waren den Angehörigen überlassen.

»Als König Arthus Zeuge des letzten Seufzers des Herrn Gauvain wird, sinkt er mehrere Male über den Leichnam hin, rauft sich den Bart, zerkratzt sich das Gesicht und beginnt dann die große Totenklage«[8]. Nicht anders verhielt sich Karl der Große. Als er nach der Schlacht von Roncevaux seinen Neffen Roland und die übrigen erschlagenen fränkischen Ritter findet, heißt es: »Er springt vom Ross, eilt hin in vollem Lauf, schließt den Toten fest in beide Arme und stürzt vor Leid ohnmächtig auf ihn nieder ... Er hebt zu klagen an mit sanfter Stimme: Mein lieber Roland, du, sei Gott dir gnädig!« Nach der Klage fällt Karl der Große erneut in Ohnmacht. Als er erwacht, blickt er zur Erde und sieht seinen Neffen liegen. »Er klagt um ihn in Lieb und Treue ... ‚Ich glaub', ich hab auf Erden keinen Freund mehr' ... Den weißen Bart beginnt er sich zu raufen, mit beiden Händen rauft er sich das Haupthaar, und in Ohnmacht sinken hunderttausend Franken.«[9] Dann werden die Leichen geöffnet, die Herzen in Seide gehüllt; Räucherwerk wird angezündet, die Körper mit Wein und Piment gewaschen, in Hirschfell eingenäht und bestattet.

7. Philippe Aries: Geschichte des Todes, München, 9. Auflage 1999.

8. Ebd., S. 186.

9. Rolandlied. Hg. v. H. W. Klein, München 1963, vv. 2875ff.

Das ist eine andere Art, Tote zu beklagen und zu bestatten als die heute bei uns übliche!

Solche Beispiele zeigen, dass unsere kirchliche Beerdigungspraxis den Menschen die konkreten Formen der Trauer geraubt hat. Die Angehörigen sind heute zu Statisten eines entfremdeten, per Agende vorgeschriebenen Rituals geworden. Die oben genannten – ziemlich besoffenen – Obdachlosen zerbrachen dieses Ritual. (Offenbar muss man zurzeit besoffen sein, um das Gefühl aus dem Gefängnis des Ich entlassen zu können.) Sie übertraten ein Tabu. Sie waren Trauernde und Handelnde in einem. Sie teilten das Handeln und Trauern nicht länger in zwei Bereiche auf: hier der Pfarrer, der handelt, dort die Gemeinde, die trauert.

Zeitungen – Lesungen – Theater – Ausstellungen

Inzwischen erscheinen auch in Berlin Obdachlosenzeitungen, die unter anderem Foren der Selbstdarstellung der Szene sein wollen. Zurzeit gibt es zwei »große« Journale: *Strassenzeitung* und *motz*. Eine andere Form der Darstellung sind öffentliche Lesungen von Texten expressiver Subjektivität. »Im Mutterleib war ich niemals allein, leb' auf der Straße wie ein großes Schwein.« (Autorenkürzel: JKD)

Programmatisch verwirklicht das Obdachlosentheater »die Ratten« in seinen Aufführungen die Einheit von Innen und Außen, Leben und Kunst. Das meines Erachtens gelungenste Beispiel beschreibt der Regisseur der »Ratten«, Roland Brus, in seinem Aufsatz »An Peripherie und Zentrum der Kultur« aus dem Jahre 1995:

»‚Verpestet‘, so der Titel unseres ersten Stückes, war – wie auch die folgenden Inszenierungen – ‚work in progress‘, wandelte sich von Abend zu Abend. Als die ‚Ratten‘ gezwungen waren, nicht nur im Keller zu proben und aufzuführen, sondern nunmehr auch acht von ihnen hier schliefen, änderten wir den Schluss des Stückes. Jumbo fordert jetzt ein Paar Zuschauer auf, ihren Platz frei zu machen, das sei seiner; Hunni baut sein Lager auf, Detlef holt Bier und Jesus den Fernseher, Jürgen beginnt auf einen Bunsenbrenner Suppe zu kochen, Axel kriecht in seinen Schlafsack. Die Zuschauer begreifen lange nicht, dass hier nicht mehr gespielt wird. Nach einiger Zeit haben einige das Gefühl, dass sie jetzt wohl besser gehen sollten und verlassen nach und nach den Raum, die Notunterkunft. Jemand versucht, zögernd zu klatschen, doch da ist niemand, der sich verbeugt. Man ist im Theater und zugleich in der Realität.«[10]

Die Umkehrung der Verhältnisse ist vollkommen. Diesmal ist die Kulisse die Wirklichkeit. Die Zuschauer befinden sich am Ende des Stückes nicht länger in einem »Haus des Scheins«, das sie verlassen, um ins reale Leben zurückzukehren, sondern sie befinden sich in der Realität, in einer Notübernachtung, und erleben am Ende Ausgrenzung am eigenen Leibe. *Sie* müssen den Ort verlassen. Sie sind die Vertriebenen, deren Beifall unerwünscht ist und die sich regelrecht »davonstehlen« müssen. Sie sind ins Nichts geraten.

Zeitung, Lesung, Theater sowie Fotoausstellungen mit Portraitaufnahmen von Obdachlosen stellen das Leben auf der Straße nicht als einen Mangel an Bürgerlichkeit dar, nicht als etwas Schmutziges, das gereinigt, nicht als etwas Hässliches, das geschönt, nicht etwas Gefallenes, das aufgerichtet werden müsste – auch nicht als etwas Uneigentliches, dem das Eigentliche gegenübersteht. Vielmehr verlegen sie die Wirklichkeit auf die Bühne, auf die Oberfläche, auf die Außenhaut, eben – auf die Straße. Dargestellt wird nicht ein Etwas oder ein objektives Geschehen, sondern die Wirklichkeit (bzw. Unwirk-

10. Roland Brus: An Peripherie und Zentrum der Kultur, in: Überleben spielen. Obdachlosentheater Ratten 07 (1992-1995), S. 5.

lichkeit) des Menschen, seine Gefährdung, sein Leben und Sterben, also nicht ein Sujet, sondern ein Subjekt! Das Leben ist die Darstellung.

Propheten

Bei dem Versuch, das Gesehene zu benennen und in einen Zusammenhang zu bringen, sind mir aus der kirchlichen Tradition Beispiele eingefallen, die 2500 Jahre zurückliegen: die so genannten »Zeichenhandlungen« und »Konfessionen« der Propheten. Das Moment, was die Verbindung herstellt, ist das der Einheit von Leben und Kunst, von Körper und Sprache, von Seele und Öffentlichkeit, von Sein und Name.

Die durchgängige *Trennung* der Bereiche des Ernstes und des Spiels ist meines Erachtens noch nicht alt. Noch im 20. Jahrhundert gibt es ländliche Bereiche, in denen bei der Handarbeit gesungen wird. Die Arbeit bei der Ernte geschah noch nicht im schnellen Takt der Maschinen, sondern im Takt des Atems und des Pulses. Wir kennen es von Urlaub in anderen Ländern, dass dort Menschen durchaus den Ernst der Arbeit mit dem Rhythmus des Spiels verbinden können.

Die *Unterscheidung* der Bereiche des Ernstes und des Spiels dagegen ist meines Erachtens sehr alt, vermutlich eine die Kultur der Menschheit konstituierende Differenz. Bewusst wird sie im religiösen Bereich, denn nie werden Menschen aufgefordert, für Gott zu arbeiten! Er ist der Schöpfer. Von ihm kommt alle gute Gabe. Er bedarf der Arbeit nicht. Aber immerzu werden Menschen aufgefordert, für Gott zu spielen: »Preist den Herrn mit der Laute, spielt ihm auf der zehnsaitigen Harfe!« (Psalm 33,2) »Singet dem Herrn ein neues Lied!« (Psalm 98,1) An Seinem Tag wird gefeiert, nicht gearbeitet.

Was bedeutet die *Einheit* der Bereiche von Ernst und Spiel, Körper und Sprache, Seele und Öffentlichkeit, Sein und Name? Wo kommt sie vor? Was besagt, dass wir in einer Zeit leben, in der es das Phänomenen »Leben auf der Straße« gibt? Reicht es aus, Obdachlosigkeit lediglich als Mangel der bürgerlichen Gesellschaft zu denken, den zu beheben sich alle gesellschaftlichen Kräfte mühen sollten? Reicht es aus, Obdachlosigkeit lediglich als einen Teilbereich der Armut zu verstehen, auf die mit den Mitteln der Gerechtigkeit und Barmherzigkeit zu reagieren ist? Wenn Obdachlosigkeit nicht nur als Mangel betrachtet, sondern als Schrift gelesen wird, wovon spricht diese seltsame Schrift, die Geist und Körper eint?

– Im Alten Testament werden an mehreren Stellen Menschen beschrieben, die den Auftrag Gottes nicht nur »mit Herz und Hand« ausführen müssen, nicht nur durch Reden und Tun, sondern auch durch das In-Szene-Setzen ihrer eigenen Person. Gemeinhin nennt man sie Propheten. Gewöhnlich wird der Blick immer auf ihre Worte gerichtet, weniger auf die Kleidung, Gestik, Körpersprache und Ausdrucksform. Das extremste Beispiel ist *Hesekiel*. Er führte regelrechte Happenings durch. Er spielte der Jerusalemer Bevölkerung eine Belagerung ihrer Stadt vor (4,1-3). Er gab öffentlich Schuldbekenntnisse ab, vermutlich hat er sich dazu – im Orient durchaus üblich – in seinem Bett auf die Straße gelegt (4,4-6). Er veranstaltete ein symbolisches Essen von Brot, das er zunächst auf Menschenkot backen sollte, dann wurde ihm allerdings Kuhmist genehmigt (4,9-17). Er aß eine Buchrolle (3,1), er wurde durch einen Wirbelwind fortgerissen und saß danach sieben Tage betäubt da (3,12-15 und 11,1). Er kleidete sich sich wie jemand, der in die Verbannung verschleppt wird, und wanderte symbolisch vor den Augen seiner Landsleute umher (12,1-4).

Mich erinnert das an einen Obdachlosen aus Kreuzberg, der in seiner Person das »Institut für Lebenskunst und revolutionäre Begrünung« darstellte. Auf der Oberbaumbrücke zog er als Protest seinen Handwagen einen Tag lang hin und her. In einer Performance pflanzte er Knöterich auf eine Straße, bis er von der Polizei abgeschleppt wurde.

Hesekiel brach ein Loch in die Wand seines Hauses, durch das er ins Freie hinausging (12,4-6). »Ich mache dich zum Wunderzeichen«, heißt es als Kommentar dazu. Er aß sein Brot mit »Beben« und trankt sein Wasser mit »Zittern und Zagen« (12,18); das heißt, er veranstaltete die Zeremonie eines realen und zugleich symbolischen Essens, bei dem Angst und seelische Erschütterung übertrieben gestisch dargestellt wurde.

– Bei *Jeremia* ist die Situation etwas anders. In seinen Zeichenhandlungen mit Gürtel (Jeremia 13,2) oder Topf (13,12; 19,10) wurde nicht er selbst, nicht sein Körper zum Darstellungsmittel, sondern jeweils ein Gegenstand. Zugleich aber stülpt der Prophet sein Inneres in einer Weise nach außen, dass man bei den so genannten »Konfessionen« den Eindruck von seelischer Selbstpreisgabe erhält. Der Zustand seiner betörten, enttäuschten, drangsalierten, verspotteten, sich ängstigenden, verzweifelten, unaufhörlich zum Schreien gezwungenen Seele (20,7-18; 11,18-23; 12,1-5; 15,10-12 und 15-21; 17,12-18; 18,18-23), die perspektivlos in Nacht und Grauen versinkt, was mit der Verfluchung der eigenen Geburt endet, wird nirgends akzeptiert. Hesekiel hoffte auf ein Eingreifen Gottes, wurde aber zum Inhalt von Literatur.

In diesem Punkt gleichen ihm die Obdachlosen, die in Lesungen ebenfalls (geradezu prostituierend) von sich berichten. Der Ausgegrenzte birgt seine Seele in Worten und wirft die Worte zugleich in die Ohren der Leute. Er existiert im Wort. Wort ist auch seine »Speise«.

- Eine dritte Form der Identifikation von (leidvollem) Leben und Kunst sehe ich in der befremdlichen Beziehung der Propheten zu anderen, nahe stehenden Personen. Der eine, *Hosea*, heiratet, um etwas auszudrücken (also aus Gründen der Darstellung), eine Hure (Hosea 1,2; 3,1); der andere, *Jeremia*, bleibt aus dem gleichen Grund ledig (Jeremia 16,2). Zwei geben ihren Kindern Namen, die fürchterliche Botschaften darstellen: *Hosea* nennt seine Tochter »Kein-Erbarmen«; *Jesaja* nennt seine Kinder »Raubebald« und »Eilebeute«. Das hat auf die damalige Bevölkerung vermutlich etwa so gewirkt, als würde heute jemand sein Kind »Deutschland-verrecke« nennen. So gerät der allerpersönlichste Bereich in den Sog öffentlicher Darstellung und Auseinandersetzung. Sicher, ist es ein Unterschied, ob jemand ein Kind oder sich selbst »Satan« oder »Kein-Erbarmen« nennt. Mir kommt es auf die Art der Namen an. Sie sind das Befremdliche dort wie hier. Ich erinnere an die oben genannten Szene-Namen, wie »Chaos« oder »Leiche«. Solche Namen sind nicht »leer«, sondern »schwer« von Bedeutung.

- Auch auf die Kleidung der Propheten sei ein Blick geworfen. In weichen, seidenen Kleidern gingen sie nicht. Die übliche Prophetentracht war ein »härener« (= haariger) Mantel (Sacharja 13,4), also das Fell eines Tieres. Johannes der Täufer hatte einen Kamelhaarumhang (Markus 1,6). Der Prophet zieht Tier an. Ursprünglich ist es ein Bärenfell, denn er tut den »Bärendienst«. Er dreht die Sternenmühle um den Polarstern (der »grosse Bär« zieht das Sternbild des »kleinen Wagens« mit dem Polarstern), das heißt, er dreht das neue Jahr herbei. Der Prophet ist Ankündiger des Neuen – aber zuvor Ankündiger des Endes des Alten mit Schrecken. Er sagt die Wehen der neuen Zeit an. So tritt im Neuen Testament Johannes der Täufer auf: »Die Zeit ist erfüllt und das Reich Gottes ist genaht!« (Markus 1,15). So reden alle Unheils- und Heilspropheten: Die Zeit ist erfüllt! Das Maß ist voll! Der Tag des Herrn kommt und mit ihm kommt eine neue Zeit!

These 2

Meine These ist: Die Identifikation von Leben und Kunst ist ein Zeichen gesellschaftlichen Umbruchs. Auf die oben gestellte Frage: »Was bedeutet die Einheit der Bereiche Ernst und Spiel, Körper und Sprache, Seele und Öffentlichkeit, Sein und Name?«, gibt mir die Tatsache, dass ausgerechnet von den Propheten vergleichbare Lebensformen praktiziert wurden, einen Hinweis.

Ich deute das geschilderte Sich-selber-ins-Wort- und In-Szene-Setzen als Zeichen des Endes eben der Gesellschaft, aus der die Obdachlosen kommen. Vielleicht ist es nur ein Anzeichen. Obdachlosigkeit ist nicht nur ein Symptom für den Mangel an Wohnungen und Arbeitsplätzen oder für eine heilbare Krankheit unserer Gesellschaft, sondern die Ansage einer vergehenden Gesellschaft. Das Leben der Menschen auf der Straße, das heißt der nicht registrierten Obdachlosen, ist ein »Nein«. Es bedeutet, dass es keine Rückkehr gibt.

Der ehemals auf einem Platz andauernde Mensch wird zu einem in Bewegung vergehenden.

Der ehemals einen Arbeitsplatz Besitzende wird zu einem Sich-Plätze-Teilenden. Es gibt kein Zurück.

Die ehemals Dinge Kategorisierende wird zu einer Dinge Erzählenden.

Der ehemals alles Kranke beseitigende Mensch wird zu einem mit Krankheiten existierenden Menschen.

Die ehemals Trennenden werden zu Unterscheidenden nach einer Phase der Identifikation.

Der sich die Armen vom Leibe Haltende wird zu jemand, der am Leibe der Armen hängt.

Der für sich Raum Erobernde wird zu einem Menschen, dem vorübergehend etwas eingeräumt wird.

Der Emotionen Kanalisierende wird von der Welle der Emotion erfasst und getragen.

Der Ausgegrenzte wird mit allem, was ist, verflochten.

Leben mit Obdachlosen bedeutet – so betrachtet – Leben in einer geänderten Zeit und Gesellschaft.

Die Wärmestube – Funktionsweise oder Geheimnis

Nach 10 Jahren »funktionierender« Wärmestube Heilig Kreuz sollen ein paar Regeln formuliert werden, die die Arbeit charakterisieren. »Funktionieren« bedeutet, eine Tätigkeit (eine Funktion) in einem Zusammenhang (in einer Ordnung) auszuüben. Soll das Zusammenspiel aller Teile (aller Funktionsträger) erkannt werden, entsteht die Frage nach »Einheit« oder »Ganzheit«. Nie ist eine einzelne Funktion der Grund für das Gelingen einer Arbeit. Die Regeln des Zusammenspiels, denke ich, liegen sogar eher im Bereich von »Geheimnis«, »Intuition« und »Mythos«, als im Bereich funktionaler Ordnung. Die Wärmestube funktioniert nicht deshalb, weil alle notwendigen Funktionen vorhanden sind, sondern deshalb, weil sie, als Ganzes, eine schwer zu beschreibende »geheimnisvolle« Mitte hat.

Niedrigschwelligkeit

In die Wärmestube kann jede und jeder kommen. Es gibt keinen Türhüter. Es gibt einen »Wirt« (das bin ich), der die Ankommenden begrüßt, der – wenn möglich – ihre Namen nennt, sie anspricht, anlacht, ihnen einen Platz besorgt und ihre Anliegen wahrnimmt. Menschen, die krank sind (insbesondere Alkohol- und psychisch Kranke), werden nicht abgewiesen. Nach Nationalität wird nicht gefragt. Menschen, die einen Hund als Gefährten haben, werden samt Hund akzeptiert, und auch die Hunde bekommen etwas Nahrhaftes vorgesetzt. Menschen, die von Ungeziefer befallen sind, werden wie alle anderen begrüßt und eingeladen. Menschen, die wochenlang ihre Kleider nicht gewechselt haben und stinken, werden willkommen geheißen. Es gibt nach unten keine Grenze.

Es gibt aber auch nach »oben« keine Grenze. In der Wärmestube sind Gemeindemitglieder und Bewohner des Kiezes gern gesehene Gäste. Touristen, die die Kirche besichtigen, Künstler und Künstlerinnen, die proben, Schüler, Lehrer, Cafégäste, Haushandwerker – wer auch immer vorbeikommt, wird eingeladen, »ein Tässchen Kaffee« mitzutrinken und mit den Obdachlosen zu plaudern. Bischof, Bürgermeister, Frau des Bürgermeisters, Stadträtin, Generalsuperintendent, Pfarrer und Pfarrerinnen des Kirchenkreises, Mitarbeitende des Hauses, Musiker, Techniker, Fernsehleute – alle haben sich schon einladen lassen.

Ganzheit

Von daher gesehen, ist ausgerechnet die Wärmestube ein Ort, an dem so etwas wie eine Ahnung von »Ganzheit« entstehen kann.

Die meisten Versammlungen in unserer Gesellschaft schließen Menschen von vornherein aus. Jeder gesellschaftliche Körper hat »Glieder« und damit auch »Nicht-Mitglieder« (zum Beispiel Menschen ohne Ausweis und Aufenthaltserlaubnis, Illegale). In der Wärmestube ist tendenziell jeder Mensch willkommen.

Normalität und Verrücktheit

Ein weiteres Kennzeichen der Wärmestube ist, dass in ihr das Extreme normal wird. Menschen, die in anderer Umgebung

auffallen, herausfallen, werden in der Wärmestube als dazugehörig betrachtet.

Das gilt zum Beispiel für Menschen, die alkoholisiert ankommen, die laut und brutal erscheinen. Jedes direkte Einwirken auf sie, jedes Reglement, jedes Verbot würde sie zu Beschimpfungen, wenn nicht zu Tätlichkeiten veranlassen. Meine Begrüßung an sie richtet sich regelmäßig an den Nüchternen »hinter« dem Besoffenen. Ich freue mich darüber, dass der Alkoholkranke gekommen ist, dass er glaubt, in der Wärmestube für vier Stunden einen Ort zu finden. Ich beziehe daher alles Extreme, Laute, Herrschende und Brutale zunächst auf mich, als werde es mir gesagt und getan. »Trink' erst mal einen

Kaffee!« antworte ich. »Iss erst mal einen Teller Suppe, dann geht's dir besser!« Nur eines verlange ich: dass der Betreffende die Schnapsflasche abgibt. Alkohol sammle ich ein und händige ihn hinterher wieder aus.

Nicht anders ist es bei Menschen mit psychischen Auffälligkeiten. Manche brüllen, singen, keifen, lachen hysterisch, weinen, kriegen Anfälle, fühlen sich gehetzt und verfolgt. Indem wir uns diesen Menschen zuwenden, ihre Situation aushalten und eine Zeit lang ertragen, ordnen sich die extremen Reaktionen in das Gesamtgeschehen ein. Das Extreme ist in der Wärmestube das Normale. Wenn nötig, wird der Arzt gerufen, der während der Öffnungszeit Sprechstunde hat, oder wir bringen jemanden ins Krankenhaus. Fast immer bin ich aber mit den Betreffenden nach dem Durchlaufen der Notaufnahme wieder in die Wärmestube zurückgekehrt. In der Wärmestube versammeln sich Menschen, die keine Institution mehr will.

Es könnte nach dem Gesagten so scheinen, als wäre für ruhige Gespräche, als wäre für sensibles Aufeinanderhören und intellektuellen Austausch in der Wärmestube kein Ort. Aber das ist keineswegs der Fall! Es ist jederzeit möglich, dass irgendwer etwas singend vorträgt, dass Künstler einen Streichquartett-Satz spielen, dass an einem Tisch politische oder religiöse Fragen diskutiert werden, dass jemand eine Kerze anzündet und Gedichte vorliest während am anderen Tisch jemand, den Kopf auf der Platte, schläft.

Atmosphäre

Atmosphäre ist Stimmung von Menschen. Wir Menschen werden gestimmt oder stimmen uns selber ein wie empfindliche Instrumente, die jederzeit verstimmen können. Atmosphäre ist nicht von selber da. Licht, Geruch, Gesamtklang des Raumes sind wichtige Bestandteile der Atmosphäre.

In einer Wärmestube mit zurzeit 120-150 Gästen kommt eine Fülle von Aggression, Zorn, Schuldempfinden, Vorwurf, Selbstvorwurf, Leid und Verletzung zum Vorschein. Die Atmosphäre müsste von daher extrem gespannt sein.

Aber sie ist meist gelöst. Das wird dadurch erreicht, dass überall da, wo übermäßige Spannung entsteht, wir Mitarbeitenden mit unseren Körpern, insbesondere unseren Ohren dazwischen gehen. Wir machen uns leiblich zur Membran, auf die die Aggression übertragen werden darf. Im Augenblick, wo ein aggressiver Mensch erfährt, dass seine Aggression nicht abgewehrt, sondern mit aufmerksamer Teilnahme wahrgenommen wird, wechselt er Ton, Haltung und Aussehen. Aufmerksamkeit, Hören, Zuwendung und das Herstellen von Nähe sind wichtige, die Atmosphäre bestimmende Faktoren.

Hinzu kommt, dass ich regelmäßig und mehrfach die Gesamtheit der Anwesenden anspreche (bei Begrüßung, Mitteilungen und Aktionen). Es entsteht ein Wechsel von Gesamtheit – Tischrunde – Zweiergespräch – Allein-für-sich-sein. An ein- und demselben Nachmittag gibt es Übergänge von einer »Seinsart« in die andere, also eine Abwandlung des Ortes, in dem sich der Gast befindet: im Gesamt aller – im Gespräch mit einigen – mit einem – oder einer ganz für sich in Ruhe gelassen.

Atmosphäre entsteht dabei nicht nur durch Stimmen (Stimmung), sondern auch durch Spielen (Spiel).

Spiel

Spielerische Einlagen sind für den Ablauf der Wärmestube von großer Wichtigkeit. Immer wieder finden aus dem Augenblick geborene Kabarettnummern statt. Zum Beispiel stellte einmal ein gewitzter Gast einem anderen, der laut singend im Raum stand, von hinten eine Cola-Dose auf den Kopf. Der Betreffende sang weiter, ohne die Dose zu bemerken, verlor aber die Dose bei einer Kopfdrehung. Darauf stellte der Gewitzte dem Sänger eine zweite Dose auf den Kopf. Der Sänger sang. Die Dose stand. Die Wärmestubengäste feixten.

Spielerischen Charakter gebe ich insbesondere der Verteilung von Wäsche. Es ist eine Art witziger Modenschau mit Kommentar zu jedem Kleidungsstück, das ich hochhalte und anbiete: »Hier, ein sauberes Unterhemd! Bisher von einem reichen Bürger getragen! Garantiert läusefrei!« Es gibt Einlagen mit Gesang Einzelner und Gesang aller (besonders in der Weihnachtszeit). Es gibt Vorführungen von kraftstrotzenden Schlägern, die imponieren und Angst einjagen sollen, die aber durch unser spontanes Mitspiel zu Farcen werden.

Keineswegs ist die »gemütliche« Stimmung etwas Vorhandenes und Beständiges. Sie kann jeden Augenblick kippen. Sie kann aber auch jeden Augenblick hergestellt werden. Im Verlaufe eines Nachmittags wird aber normalerweise die Stimmung ruhiger, wärmer und freundlicher.

Ritus und Überraschung

Zur Wärmestube gehört ein fester Ritus, aber zu ihr gehört auch, dass jederzeit etwas Überraschendes passieren kann. Beispiele (die wirklich vorgekommen sind), mögen dieses Moment erläutern:

- Einmal fuhr jemand 6 000 Eier zum Verteilen vor die Kirche;
- Menschen mit spiritistischen Heilmethoden traten auf;
- neue Mitarbeitende tauchten auf;

- ein Kneipenwirt brachte einen köstlichen Nudelauflauf für alle;
- eine 90-Jährige fragte an, ob sie Strümpfe stricken sollte und brachte selber 20 Paar vorbei;
- Künstler traten auf;
- es war jemand gestorben, daher wurde eine kurze Charakteristik des Betreffenden gegeben;
- für Punks wurde eine Zeit lang während der Wärmestube eine Schule aufgemacht.

Obwohl es einen gewissen rituellen Ablauf der Wärmestube gibt, wird er regelmäßig durchbrochen. Der normale Ablauf ist: Kaffee – Begrüßung – warme Suppe – soziale Angebote (Arzt, Kleider, Bücher, Friseur) – Verteilung von Brot, Wäsche, Obst u.a.m. – Zeit ruhiger Gespräche – Verabschiedung.

Abwandlung

So wie in der Musik ein bestimmter Ton dadurch einen anderen Charakter bekommt, dass er (derselbe Ton) in eine andere Tonart versetzt wird, in ihr einen anderen Platz (und daher auch eine andere »Funktion«) bekommt, so kann in der Wärmestuben-Arbeit jedes Wort, jede Geste, jede Handlung, jedes Gebrüll abgewandelt werden. Drei Beispiele:

- Hans ist an seinem Tisch aufgestanden und singt mit einer durch Mark und Bein dringenden Bassstimme, die einem Opernbass zur Ehre gereichen würde, irgendwelche unverständlichen Gesänge.

  »Hör auf!« sagen die Umsitzenden nach fünf Minuten, »Du gehst uns auf den Wecker!« Drohgesten folgen, Flüche, eine Beschwerde landet bei mir.

Ich stelle mich zu Hans und höre an, was er brüllt. Witzigerweise ist es ein Lied aus seiner Fahrtenjugend. Ich hake ihn unter und singe mit. Am Ende einer Strophe sage ich zu ihm gewandt: »Hans, hör' mal eben auf mit Singen, ich will allen etwas sagen!« Er hört auf. Ich darauf: »Na, ist es nicht ein schönes Duo, was wir hier vorführen? Wir singen euch noch einen Vers!« Nach dem nächsten Vers mache ich Hans ein Zeichen. »Immer noch kein Beifall?« frage ich die anwesenden Gäste. Und schon ist es möglich, mich zu Hans zu setzen, einen Kaffee zu bestellen und zu fragen: »Hans, was ist los? Was will aus dir raus? Was brüllst du in alle Ohren?«

– Toni hat eine Wodkaflasche in einer Plastiktüte hereingebracht. Er säuft und versteckt die Pulle in der Brusttasche seiner Jacke. Ich bemerke es und fordere die Schnapsflasche.

Toni will sie nicht rausrücken. »Du kriegst sie nachher wieder!« sage ich. Er gibt sie nicht her. »Gut, dann schmeiße ich dich raus! Wer in der Wärmestube Schnaps trinkt, fliegt raus!« Er will aber weder raus noch den Schnaps hergeben.

Ich wiederum will keine Schlägerei mit Alkoholikern. Nun folgt die Abwandlung: »Toni«, sage ich, »wenn du mir jetzt den Schnaps gibst, hast du abends noch was, wenn die Wärmestube aus ist. Ich bin der Kühlschrank für deinen Schnaps. Außerdem möchte ich dich nicht rausschmeißen, sondern lieber mit dir hier zusammen sein!« Das heißt, ich verwandle mich von einem fordernden Vor-Gesetzten zu einem an dem Gast interessierten Neben-Gesetzten. Ich setze mich wirklich neben ihn. Jedes moralische Urteil, jede Schelte, jedes Drohen mit Hausverbot entfällt.

Regelmäßig kriege ich auf diese Weise den Schnaps,

und die Übergabe bedeutet: Der schmähliche *Verlust* ist »abgewandelt« in ein vorübergehendes *Aufbewahren* der Flasche im Kühlschrank. Ich habe Gelegenheit, mich nach dem Obdachlosen zu erkunden: »Sag' mal, wie viele solcher Pullen trinkst du täglich?« Der Schnaps bleibt sein Feind wie mein Feind.

– Kleiderspenden bekommen wir regelmäßig so viele, dass ich während der Wärmestube Wäsche, Schuhe, Hemden, Hosen, Anoraks, Mäntel, Decken und Taschen verteilen kann. Das sieht auf den ersten Blick so aus, als wäre es eine soziale Aktion zur Bekleidung von Bedürftigen. In vielen Fällen ist es das auch, wenn Menschen dringend auf die kostenlose Auswechslung ihrer Klamotten angewiesen sind. Aber bei der Aktion wird das soziale Geschehen (das die Schwere und den Mangel des Lebens thematisiert) abgewandelt in eine Art Spiel. Ein Kabarett mit Wäsche, die – in leichte Worte gepackt – hochgehalten und anschließend zusammengerollt oder zusammengeknüllt durch den Raum derjenigen Person zugeworfen wird, die am schnellsten den Arm gehoben, »Ich« geschrien oder sich sonst wie bemerkbar gemacht hat. Da ich selber den Inhalt der gespendeten Kleidertüten und -säcke nicht kenne, sorgt die Überraschung für Heiterkeit, wenn zum Beispiel ein Damennachthemd oder ein Badeanzug zum Vorschein kommen.

Keineswegs steht von vornherein fest, was was ist. Keineswegs steht fest, dass ein Mensch, der unter der Last der Wohnungslosigkeit leidet, während der Wärmestube die Last trägt. Wie oft erleichtert allein das Aussprechen den Schrecken des Leidenden. Wie oft entsteht Lachen in einer Situation, die durch erlittene Gewalt, Gefängnis, Abhängigkeit und Einsamkeit gekennzeichnet ist!

Sein ohne Grund, ohne Festigkeit, ohne Basis, Sein im Fluge, Sein auf Zeit üben wir in der Wärmestube. Damit berühre ich die Frage: Was bewirkt diese Zeit, was bewirken diese vier Stunden?

Wirkung

Die Wärmestube bewirkt bei den Mitarbeitenden Freude – trotz anstrengender Tätigkeit. 150 Menschen zu beköstigen, ist viel Arbeit.

Bei den Gästen bewirkt sie das Gefühl, sein zu dürfen. Es ist ein Ausruhen in sicherer Umgebung vier Stunden lang. Eine Reihe der Gäste verlängert die Zeit, indem sie schon viel eher erscheint und sich wartend in den Raum setzt.

Die Wärmestube verändert die Welt nicht grundsätzlich, aber von den vierundzwanzig Stunden des Tages verändert sie vier. Kein Mensch wird gebessert oder erzogen. Wer will, kann unsere Angebote auf der medizinischen, sozialen, leiblichen und seelsorgerlichen Ebene wahrnehmen. Wer es nicht will, ist auch gern gesehen. Wer will, kann Adressen, Kleidung, Bücher, Obst, Produkte, deren Verfallsdatum der Wärmestuben-Tag ist, umsonst bekommen. Wer will, kann zum Arzt, Sozialarbeiter, Religionspädagogen, Pfarrer und Friseur gehen. Die Hauptsache ist, dass es einen Ort und eine kurze Zeit gibt, die Ruhe ermöglichen. Der Mensch wird zum Gast: begrüßt, bewirtet und verabschiedet.

Intensität und Ganzheitlichkeit

Zum Umgang mit den Menschen, die zu uns kommen, gehört daher so etwas wie »Ganzheitlichkeit«, das meint ein Aufmerken nicht nur auf die äußeren Belange (Nahrung, Kleidung, Wohnung), sondern auch auf die inneren (das jeweilige Gefühl und Ergehen) – die zurückliegenden (die erzählt werden) und die künftigen (was gewünscht, geplant, gewollt wird und was unternommen werden soll).

Dualistisches Denken ist passee. Nicht gibt es hier Helfer und dort Klienten, nicht sind die einen Gebende und die anderen Nehmende. Je länger wir die Wärmestube betreiben, desto mehr haben wir den Eindruck, Nehmende und Beschenkte zu sein. Es kommt im Zusammenwirken aller eine Fülle an Realität zum Vorschein, sie sei brutal, banal oder lustig. Das Leben in der Wärmestube ist intensiver als in einer Wohnung, einem Sitzungssaal oder einer Kneipe.

Indem die Besucher und Besucherinnen erzählen, wer sie früher waren, was sie heute erlebt haben und was sie für den Abend vorhaben, ziehen sie die Gastgebenden auf die gleiche Ebene. Wir sind nichts Besseres, wir haben heute vielleicht sogar weniger erlebt, und unsere Wünsche und Pläne – sind sie nicht auch oftmals Luftblasen?

Obdachlos zu leben, wird in der Wärmestube zu einer realen Möglichkeit. Die Geste des Distanzierens, die Betonung der Andersartigkeit, die Angst, auch »absacken« und Sozialhilfe-Empfänger werden zu können, verringern sich. Die Bewunderung, wie Menschen es fertig bringen, sogar gänzlich ohne Sozialhilfe und Wohnung zu überleben, vergrößert sich. Es wird nichts verklärt, nichts beschönigt, nichts verheimlicht. Die Realität ist unbekleidet und ungeschminkt.

Ganzheiten lassen sich meines Erachtens nur in Reihen ausdrücken. Wenn ich die Wärmestube zusammenfassend charakterisieren soll, komme ich auf folgende Punkte:

- *Festcharakter:* Die vier Stunden Wärmestube sind ein Fest!
- *Kommunion:* Wärmestube bedeutet Gemeinschaft in vielfacher Weise: Gemeinschaft von Menschen, Genuss von Speisen, Verteilung von Sachen.

- *Namentlichkeit:* Gäste wie Helfende kennen sich namentlich und fragen nacheinander, (zum Beispiel wenn jemand längere Zeit nicht kommt).
- *Einbeziehung:* Grundsätzlich werden alle und insbesondere Ausgegrenzte einbezogen. Das Maß ist immer der letzte, verstoßendste, elendeste Mensch. Die Wärmestube ist eine Einübung in Barmherzigkeit und Gerechtigkeit (im Sinne von: Menschen und Tieren gerecht werden).
- *Erkenntnischarakter:* Die Wärmestube ist ein Erkenntnisort, ein Studierfeld, eine Zeit geistiger Anspannung und Klärung. Sie schafft Bewusstsein. Sie regt das Denken an.
- *Politische Dimension:* Immer spielt das gesellschaftliche und politische Geschehen in das Tagesgeschehen herein. Die Wärmestube ist ein Ort politischer Meinungsbildung und der Information über Aktionen.
- *Wirtschaftlichkeit:* Die Finanzierung der Wärmestube zu gewährleisten, die Kasse zu überprüfen und die Wirtschaftlichkeit zu kontrollieren, sind ständige Aufgaben der Gemeinde.
- *Religiöse Dimension:* Von vielen wird die Wärmestube als ein Stück »Kirche« empfunden. Sie findet in einem kirchlichen Raum statt, ein Pfarrer fungiert als Wirt, seelische und religiöse Probleme können leicht thematisiert werden, über den eigenen Tod kann ohne Ironie und Verharmlosung gesprochen werden.

Ich denke, letztenendes geschieht unsere Arbeit nicht aus Barmherzigkeit, Mitleid oder Gerechtigkeitsempfinden, sondern aus Freude. Es ist eine Freude über die Intensität des Seins in diesen vier Stunden Wärmestube an jedem Mittwoch in der Woche.

Anhang

Verteidigungsrede vor dem Landgericht Berlin

[Gehalten am 28.2.1996]

1. Ich habe Manfred Lehmann vor fünf Jahren kennen gelernt. Er lebte damals zusammen mit einigen Obdachlosen am Halleschen Tor und schlief in der Frauentoilette am Landwehrkanal. Er war krank, alkoholkrank, und hatte offene, vereiterte Beine. Er war anfangs nicht in der Lage, in die Nostizstraße zu gehen, wo die Gemeinde Heilig Kreuz eine Wärmestube für Obdachlose aufgemacht hatte. Einer der Obdachlosen, die mit Herrn Lehmann zusammen lebten – Benno –, hatte einen offenen Darmausgang, aber keine Tüten. Es war mir nicht möglich, ihn in ein Krankenhaus zu bringen. Ein anderer – Rudi – war Epileptiker. Er ist inzwischen auf der Straße gestorben.

Ich wusste, dass das zuständige Amt für Herr Lehmann, das Bezirksamt Treptow war, aber ich sah, dass Herr Lehmann nicht in der Lage war, dorthin zu kommen, um Sozialunterstützung und Krankenschein zu bekommen. Außerdem hatte er keinen Personalausweis.

Einem der Amtsleiter des Sozialamts Kreuzberg trug ich die Sache vor, mit der Bitte, dass sich das Bezirksamt Kreuzberg für Herrn Lehmann zuständig erklären möchte. Das wurde abgelehnt mit der Begründung, Herr Lehmann wohne nicht am Halleschen Tor, sein letzter Wohnsitz oder sein Geburtsdatum seien entscheidend für die Zuständigkeit. Ich bat darum, ernst zu nehmen, dass in Berlin nicht ausreichend Wohnungen vorhanden sind und leider Menschen sich Toiletten suchen müssen, um zu wohnen, und schlug vor, notfalls an der Frauentoilette eine Hausnummer anzubringen. Das wurde ebenfalls abgelehnt.

Daraufhin meldete ich Herrn Lehmann am 1.6.1993 im Gemeindehaus in der Nostizstraße an, wo er sich regelmäßig am Mittwoch in der Wärmestube aufhielt – und unregelmäßig am Sonntag beim Gottesdienst und an anderen Tagen, wenn er mich besuchte. Herr Lehmann war nicht der einzige, den ich anmeldete. Wiederholt wurden mir Obdachlose vom Sozialamt geschickt, mit der Bitte, sie ebenfalls anzumelden. Auf diese Weise war es möglich, dass die Betroffenen Sozialunterstützung, Krankenschein, Notunterkunft und Steuerkarte erhielten.

Ich füge an dieser Stelle ein, dass ich später erfahren habe, dass die Jacobi-Kirchengemeinde in Göttingen seit zwölf Jahren bis zu 135 Obdachlose angemeldet hat. Der Oberstadtdirektor der Stadt Göttingen hat es mir auf Anfrage hin bestätigt.

Durch die Anmeldung im Gemeindehaus wurde es möglich, dass Herr Lehmann sich selber im nahen Rathaus Sozialunterstützung und Krankenschein abholen konnte.

Das Landeseinwohnermeldeamt meldete von sich aus im November 1993 Herrn Lehmann ab und sandte mir einen Bußgeldbescheid über 129,- DM. Ich legte Einspruch ein. Es konnte aber nicht zum Gerichtstermin kommen (geplant für den 20.10.1994), da Herr Lehmann nicht als Zeuge geladen werden konnte. Er hatte ja keine Adresse mehr. Darauf meldete ich Herrn Lehmann am 13.10.1994 ein zweites Mal im Gemeindehaus an, damit der Prozess gegen mich stattfinden konnte. Das Landeseinwohnermeldeamt meldete ihn sofort wieder ab und schickte mir einen zweiten Bußgeldbescheid zu, diesmal über 234,- DM.

Die Gerichtsverhandlung konnte mit Herrn Lehmann als geladenem Zeugen am 10.1. und 18.1.1995 stattfinden. Ich wurde wegen mittelbarer Falschbeurkundung in zwei Fällen verwarnt und zu einer Geldstrafe von 2 500,- DM auf ein Jahr Bewährung verurteilt.

2. Ich bin der Ansicht, dass das Urteil ein Unrecht festschreibt. Was ich gemacht habe, ist, einen Menschen, der illegal lebt, zu legalisieren. Ich habe einem Menschen, der faktisch bestimmter Rechte beraubt war, zu seinem Recht verholfen. Für mich ist Manfred Lehmann nicht der einzige. Ich weiß, dass bis heute – durch die Untätigkeit und Unfähigkeit des bisherigen Innensenators – Obdachlose faktisch vom Wahlrecht ausgeschlossen werden. Durch den von der *AG »Leben mit Obdachlosen«* hervorgerufenen Protest wurde zwar eine Möglichkeit geschaffen, dass auch Nichtwohnende wählen können, aber es ist lediglich eine Scheinlösung. Bei der Wahl am 6.10.1995 haben von 9 500 registrierten Obdachlosen nur 30 die umständliche Prozedur durchgestanden und gewählt. So ist es auch an anderen Stellen, bei Sozialhilfe, Krankenschein und Steuerkarte.

- Der Senat hat zwar formell eine Möglichkeit geschaffen, dass alle Obdachlose Sozialhilfe erhalten können. Aber faktisch funktioniert sie nicht. Er selber gibt zu, dass zurzeit mindestens 2 000-4 000 Menschen ohne Sozialhilfe leben.
- Obdachlose bekommen, wenn sie sich registrieren lassen, einen Krankenschein. Aber faktisch sind nach Schätzung der Verbände nicht nur 2 000-4 000, sondern 10 000 Menschen ohne ärztliche Versorgung.
- Ohne Wohnung ist es nach wie vor schwer, eine Steuerkarte zu bekommen. Einen der Obdachlosen, den ich anmeldete, damit er eine Steuerkarte bekommen und arbeiten konnte, meldete das Landeseinwohnermeldeamt von sich aus ab. Danach bekam er keine Steuerkarte mehr und verlor seine Arbeit.

Wenn jemand zu verurteilen ist, dann sind es die Verantwortlichen für diese Praxis: Menschen, die wohnungslos sind, aber arbeiten wollen, werden vom Landeseinwohnermeldeamt abgemeldet und in die Arbeitslosigkeit getrieben.

3. Als Letztes möchte ich etwas zum Begriff Wohnen sagen. Im Melderahmengesetz heißt es: Wohnung ist »jeder umschlossene Raum, der zum Wohnen oder Schlafen benutzt wird«.

Herr Lehmann wohnt und schläft an einem Tag in der Woche in unserer Gemeinde. Im Unterschied zu meinen Ausführungen bei der vorigen Verhandlung, möchte ich betonen, dass er bei uns auch schläft.

Menschen, die mit Obdachlosigkeit nicht vertraut sind, machen sich oftmals nicht klar, wann Obdachlose schlafen. Nachts auf den Toiletten versuchen es die Obdachlosen, sicherlich. Aber fragen Sie Herrn Lehmann, wie oft er nachts in der Toilette am Halleschen Tor gestört, überfallen, beraubt, mit Waffen bedroht und drangsaliert wurde. Außerdem werden die Toiletten von Fixern genutzt. An ruhigen Schlaf ist oft kaum zu denken. Obdachlose nennen das: »Wir schlafen mit einem Auge.« Das andere ist offen und passt auf. Daher schlafen solche Obdachlosen sofort am Tag, wenn sie irgendwo einen Platz finden, der Ruhe und Sicherheit bietet. Herr Lehmann erschien jeden Mittwoch schon am Vormittag und schlief in der Garderobe bis wir die Wärmestube öffneten. Oft zog ich ihn, wie die übrigen Schläfer in den angrenzenden Raum und deckte ihn zu.

Bleibt an Gegenargumenten also nur übrig, dass Herr Lehmann lediglich am Mittwoch in der Nostizstraße gelebt und geschlafen hat – und sonntags im Gottesdienst. Ansonsten hielt er sich am Halleschen Tor auf. Aber es gibt nicht viele Menschen, die sich irgendwo melden müssen, wo sie nicht täglich schlafen?

Haben nicht, um wählen zu können, viele Berliner in Westdeutschland gewohnt, als die Mauer noch stand? Haben nicht viele Berliner einen westdeutschen Ausweis gehabt, um als Westdeutsche in die DDR reisen zu können? Sie waren alle polizeilich gemeldet – und wohnten an ihrer Adresse weitaus weniger als Manfred Lehmann in unserem Gemeindehaus.

Ich bitte Sie darum, mich frei zu sprechen und damit den Innensenator zu nötigen, so wie in Göttingen Anmeldungen Obdachloser bei Kirchengemeinden, anderen Institutionen und Privatleuten zuzulassen. Ich behaupte nicht, dass damit das Obdachlosenproblem gelöst werde. Es wird auf einem partiellen aber konkreten Gebiet Erleichterung, Legalität und Recht geschafft. Ich denke, man sollte nicht diejenigen Menschen verurteilen, die Menschen legalisieren, sondern sollte denen das Handwerk legen, die Menschen ausgrenzen und in die Illegalität treiben.

[Der Prozess endete mit Freispruch für den Angeklagten.]

Nachwort

Ist es an der Zeit, »Entwarnung« zu geben, weil im Laufe der vergangenen sechs Jahre die Zahl der registrierten Obdachlosen in Berlin (von 11603 im Jahr 1993 auf 6653 im Jahr 1999) zurückgegangen ist?

Es ist festzustellen, dass in diesen sechs Jahren viel geschehen ist. Die Versorgung mit Wohnraum ist (u.a. durch die rigide Anti-Asyl-Gesetzgebung sowie durch starke Abwanderung aus dem Bereich Innenstadt) leichter geworden. Die ärztliche Versorgung wurde verbessert. Eine »Begehung« der sogenannten Läusepensionen ist die Regel. Immer mehr Einrichtungen unterliegen einer Qualitätskontrolle (gemäß §§ 72, 39 BSHG).

Trotzdem gilt:

- Die Armut nimmt eher zu als ab. Nicht nur Obdachlose, sondern auch Menschen, die eine Wohnung haben, machen von Angeboten der Kältehilfe Gebrauch.
- Gewaltsame Übergriffe gegen Obdachlose, wehrlose und hilflose Menschen haben nicht aufgehört. Eine Dokumentation dazu findet sich in der Ausgabe 21/2000 der Obdachlosenzeitung »motz«.
- Die Vertreibung von Obdachlosen aus ehemals öffentlichen Räumen (insbesondere den Bahnhöfen) wird praktiziert und ist rechtlich abgesichert. Sie ist meines Erachtens ein Skandal. Die Rechte der privaten Bahnhofs-Betreiber werden privatrechtlich garantiert und von Wachschützern und Polizei durchgesetzt. Die Rechte der Armen, für die die Bahnhöfe Lebensraum sind, (z.B. als Tagesaufenthalt bei Regen und Kälte) werden ignoriert. Eine Stadtpolitik, die die Rechte der Armen zugunsten der Rechte privater Firmen vernachlässigt, muß sich fragen lassen, ob sie nicht rechter Gewalt zuarbeitet.

- Alkoholkranke Menschen finden kaum eine Unterkunft, die für sie eine realistische Perspektive darstellt. Schwerkranke Alkoholiker werden oftmals von Einrichtung zu Einrichtung weiter geschickt. Eine Beheimatung findet nicht statt. (Was, wenn der Alkoholiker 37 Entziehungen hinter sich hat und wieder rückfällig wird?)
- Psychisch kranke Menschen (insbesondere diejenigen, die psychiatrische Einrichtungen meiden und fliehen) führen ein menschenunwürdiges Leben auf der Straße.
- Eine weitere beklagenswerte Entwicklung ist, dass die Finanzierung für Obdachlosen-Einrichtungen in einigen Stadtbezirken gekürzt werden unter Hinweis auf die Noteinrichtungen anderer Träger (z.B. Kältebus, Kältehilfe-Telefon, Notübernachtungen). Was als zusätzliche Nothilfe gedacht war, dient nun als Begründung dafür, dass sich einige zuständige Ämter ihrer Verantwortung entziehen.

Die Ausgrenzung von Obdachlosen und Armen, von Kranken und Fremden hat keineswegs aufgehört.

November 2000